JN425138

영미 자연시 감상

자연과 사람과 시

김영남 편역

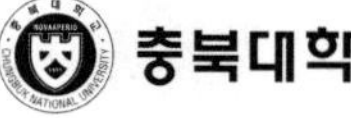
충북대학교 출판부

"위대한 일들은 사람과 산이 만날 때 이루어진다.
그것은 거리의 혼잡 속에서 이루어지지 않는다."
— 윌리엄 블레이크

"Great things are done when Men & Mountains meet;
This is not done by Jostling in the Street."
— William Blake

서문

이 책은 영국과 미국의 잘 알려진 시들 가운데 자연을 주된 소재나 주제로 삼고 있는 작품들을 선별하여 우리말로 옮긴 것이다. 여기에는 자연이 인간의 정서적 경험을 효과적으로 전달하기 위한 단순한 비유적 매개로 사용된 작품들로부터 자연과 인간의 관계를 보다 심층적인 형이상학적 차원에서 탐색하는 작품들, 그리고 자연 환경과 인간의 상생 관계를 통찰하고 있는 현대의 생태론적 작품들에 이르기까지 다양한 종류의 시들이 시대 순으로 번역 수록되었다. 시는 시대의 산물이다. 여러 시대를 거치면서 시들은 그 시대의 자연관을 반영했고 그 시대에 요청되는 예술관을 구현해 왔다. 우리는 이 책을 통해 그러한 흐름을 읽게 될 것이다.

영문학에서 자연이 본격적인 시의 소재로 이용되기 시작한 것은 16세기 르네상스 시대로 알려져 있다. 이 시기는 신대륙의 개척과 꾸준한 자연과학적 발견들이 이루어지던 때로서 자연은 시인들에게 끝없는 매력과 신비로 다가왔으며 그들의 자연에 대한 호기심은 그들의 시적 상상력을 확장시켰다. 시인들은 자신이 경험하는 정서적 · 지적 경험들을 보다 효과적으로 표현하기 위해서 적극적으로 자연 현상들을 시의 중요한 수단으로 사용하기 시작했다. 이러한 현상은 대체로 18세기 신고전주의 시대까지 지속되었는데, 이 3세기에 걸친 기간 동안 영문학은 그 시적 전통의 기반을 마련하였다. 그리하여 처음에는 단순한 시적 비유에 이용되던 자연 현상들은 시대를 거치면서 점점 더 복잡한 사상 및 이념을 반영하는 예술적 매개체로 인식되어 갔다.

자연과 인간의 관계가 보다 밀접하고 정신적인 관계로 인식되기 시작한 것은 19세기 낭만주의 시대였다. 18세기까지의 자연 인식이 대체로 고전주의적 관념론에 기울어져 있었던 반면, 낭만주의 시인들은 사람들과 더불어 물리적으로 존재하는 풀과 나무, 산과 계곡, 강물과 폭포 등 구체적인 자연으로 관심을 돌렸다. 그들은 사람이 자연과 더불어 생활하고 명상하는 가운데 삶과 우주에 대한 심오한 지혜를 얻을 수 있을 뿐 아니라 인간 본연의 순수성을 회복하고 나아가 정신적으로 보다 풍요로운 인생을 영위할 수 있다고 생각했다. 그러나 19세기 후반의 빅토리아 시대로 넘어오면서 이러한 낭만주의적 자연관은 과학적 자연관에 의해 비현실적이고 이상주의적이라는 비판의 도마에 올려졌다. 다위니즘을 위시한 자연과학은 자연의 세계가 인간의 마음을 위로하고 치유하는 피안의 영역이 아니라 오히려 피비린내 나는 생존경쟁과 적자생존의 공간임을 실증적으로 규명하고 주장하였다. 이와 함께 제국주의적 팽창을 지속하던 서구 열강들은 자연을 자국의 경제적 이익을 위해 무한히 이용되고 개발되어야 할 국부의 원천으로 인식하게 되면서 낭만주의적 자연관은 쇠퇴하게 되었다.

그리고 20세기에 접어들면서 인류는 화석연료를 토대로 자동차 문명이라는 사상 초유의 가장 반자연적이고 환경 파괴적인 문명을 정착시켰다. 그것은 가히 가공할 만한 결과들을 초래하기 시작했는데, 그것은 바로 인간에 의한 지구 원형의 파괴였다. 극지의 빙하와 빙산이 녹아내리고 전 세계적인 기상 이변과 자연 재앙이 끝을 모르고 이어지기 시작했다. 오늘날 과학의 발달은 지구의 도처에서 일어나는 자연 현상들을 한 눈에 파악하고 대처할 수 있는 거시적 안목을 제공할 수 있는 것처럼 말해지지만, 그것은 인간의 오만이 빚어낸 공허한 환상에 지나지 않는다. 사람은 지구에 의존해 사는 지구 생명체의 일부이며 그 존속을 위해 지구의 다른 생명체들과 유기적 관계 속에 얽혀 있는 존재이다. 오늘날 우리는 인류가 자초한 전 지구적인 자연 환경의 황폐와 그로 인한 멸망의 위기에 직면하고 있음을 깨닫기 시작했고 따라서 전례 없이 자연 환경 보존의 중요성을 통감하게 되었다. 여러 학문 분야에서 파국적 사태를 막아 보려는 새로운 방안들이 모색되었다. 이러한 시점에서 문학 창작과 연구가 자연 환경과 인간의 문제에 초점을 두기 시작한 것은 결코 우연이 아니었다. 오늘날 많은 자연시들이 '생태시'란 이름으로 불리고 있으며, 이 생태시들은 자연이 인간과 더불어 지구에 공존 공생하는 존재임을 재인식하고 인간의 지구에 대한 윤리를 강조하고 있다.

이 책에 소개된 작품들은 이러한 자연관의 변천을 고스란히 담고 있다. 오늘날 인류가 고도의 문명을 구가하면서 점점 더 자연에서 멀어지고 있음은 주지의 사실이다. 진부한 얘기 같지만 자연으로부터 멀어진 인간의 삶은 물질적 풍요의 한가운데 있으면서도 공허하기 짝이 없다. 아이러니하게도 우리는 자연으로부터 멀어지면서 더 빈곤함을 느끼게 되었다. 이 책은 이러한 빈곤함을 조금이라도 극복하고 새로운 눈으로 자연의 가치를 재인식하자는 바람을 표현한 작은 결과물이다.

번역된 시들은 시인들이 본래 의도한 모든 것을 충분히 전달할 수 없는 한계를 안고 있다. 시인 로버트 프로스트는 "시는 번역하면 사라지는 데 있다"고 시의 본질적 성격을 지적한 바 있다. 시는 번역되는 순간 더 이상 그 시가 아니라는 뜻이다. 이런 면에서 볼 때 이 책에 수록된 시들은 저자들이 의도했던 것과는 다르게 시적 능력이 훨씬 열등한 번역자가 개작한 삼류시가 되었는지도 모른다. 그러므로 영시를 직접 읽을 수 있다면 가능한 원어로 시를 감상하는 것이 최선의 방법일 것이다. 이 책에서는 이러한 점을 고려하여 각주에 작가의 이름과 함께 시의 제목을 영어로 명기했으며, 원문을 감상하고자 하는 독자들에게는 대표적으로 인터넷 포털인 구글(www.igoogle.com)에서 원문을 찾아 읽을 것을 권한다. 이 책의 번역 원본들은 모두 이곳에서 얻은 것들임을 밝혀둔다. 이 책은 또한 감상의 어려움에 도움을 주기 위해 번역자가 필요한 부분에 각주를 첨부했으나 독자의 개인적 감상과 성찰에 방해되지 않도록 매우 난해한 부분들의 경우를 제외하고는 번역자의 설명을 최소화하려 했다.

차례

서문

Ⅰ. 르네상스와 신고전주의 시대 자연시

향기로운 계절 · *헨리 하워드* _ 14
표류하는 배처럼 · *에드먼드 스펜서* _ 15
사랑에 빠진 목동이 그의 애인에게 · *크리스토퍼 말로우* _ 16
목동에게 주는 요정의 대답 · *월터 롤리 경* _ 18
당신을 여름날에 비교할까요? · *윌리엄 셰익스피어* _ 20
찬란한 아침 해가 · *윌리엄 셰익스피어* _ 21
파도가 조약돌 해변을 향해 밀려가듯이 · *윌리엄 셰익스피어* _ 22
그때가 되면 당신은 · *윌리엄 셰익스피어* _ 23
그녀의 얼굴엔 정원이 있어 · *토머스 캠피언* _ 24
미끼 · *존 단* _ 25
벼룩 · *존 단* _ 27
수선화에게 · *로버트 헤릭* _ 29
그의 만족스런 시골 생활 · *로버트 헤릭* _ 30
꽃에 대한 명상 · *헨리 킹* _ 31
내게 더는 묻지 마라 · *토머스 케어리* _ 32
봄 · *토머스 케어리* _ 34
에덴의 동쪽 · *존 밀턴* _ 36
여치 · *에이브러햄 쿨리* _ 40
초동이 반딧불들에게 · *앤드류 마블* _ 42
정원 · *앤드류 마블* _ 43
지구의 탄식 · *M. L. 캐번디시* _ 47
자연을 따르라 · *알렉산더 포프* _ 49

너 자신을 알라 · *알렉산더 포프* _ 50
애완 고양이의 죽음 · *토머스 그레이* _ 51
물가를 거닐며 · *샬롯 스미스* _ 53

II. 낭만주의와 빅토리아 시대의 자연시

한 알의 모래 · *윌리엄 블레이크* _ 56
파리 · *윌리엄 블레이크* _ 57
호랑이 · *윌리엄 블레이크* _ 59
병든 장미 · *윌리엄 블레이크* _ 61
뒤집힌 계명 · *윌리엄 워즈워스* _ 62
수선화 · *윌리엄 워즈워스* _ 64
내 가슴이 뛴다 · *윌리엄 워즈워스* _ 66
아름답고 고요한 저녁 · *윌리엄 워즈워스* _ 67
세상은 우리에게 너무하구나 · *윌리엄 워즈워스* _ 68
노수부의 노래 · *S. T. 콜리지* _ 69
여치와 귀뚜라미 · *존 키츠* _ 71
가을에게 · *존 키츠* _ 72
물새에게 · *W. C. 브라이언트* _ 74
진달래꽃 · *R. W. 에머슨* _ 76
독수리 · *알프레드 테니슨* _ 77
금 간 담벼락에 핀 꽃 · *알프레드 테니슨* _ 78
루이지애나의 참나무 · *월트 휘트먼* _ 79
이름난 천문학자의 강연을 들었을 때 · *월트 휘트먼* _ 80
기적 · *월트 휘트먼* _ 81
인도에 내려온 새 한 마리 · *에밀리 디킨슨* _ 83
풀은 너무 할 일이 없어 · *에밀리 디킨슨*_84
나는 헛되이 산 게 아니다 · *에밀리 디킨슨*_85

'자연' 은 · *에밀리 디킨슨_86*
풀밭의 갸름한 친구 · *에밀리 디킨슨_87*
마지막 국화꽃 · *토머스 하디_89*
신의 장엄 · *제러드 맨리 홉킨스_91*
봄 · *제러드 맨리 홉킨스_92*
황조롱이 · *제러드 맨리 홉킨스_93*
알록달록한 아름다움 · *제러드 맨리 홉킨스_94*
빈지의 미루나무들 · *제러드 맨리 홉킨스_95*
리블스데일 · *제러드 맨리 홉킨스_97*
인버스네이드 · *제러드 맨리 홉킨스_98*
벚나무 · *A. E. 하우스먼_99*
웬록 엣지에서 · *A. E. 하우스먼_100*

III. 20세기와 오늘의 자연시

이니스프리 호도 湖島 · *W. B. 예이츠_104*
쿨 호의 야생 백조들 · *W. B. 예이츠_105*
비잔티움 항해 · *W. B. 예이츠_107*
목장 · *로버트 프로스트_109*
봄철의 못 · *로버트 프로스트_110*
사과를 따고나서 · *로버트 프로스트_111*
사과철의 암소 · *로버트 프로스트_113*
창가의 나무 · *로버트 프로스트_114*
눈 내리는 저녁 숲가에 서서 · *로버트 프로스트_115*
그리운 바다 · *존 메이스필드_116*
안개 · *칼 샌드버그_117*
풀 · *칼 샌드버그_118*
눈사람 · *윌리스 스티븐스_119*
단지의 일화 · *윌리스 스티븐스_120*
빨간 외발 손수레 · *W. C. 윌리엄스_121*

읽어 봐 · *W. C. 윌리엄스_122*
시 · *W. C. 윌리엄스_123*
모기는 안다 · *D. H. 로렌스_124*
대머리 독수리 · *로빈슨 제퍼스_125*
산불 · *로빈슨 제퍼스_127*
새와 물고기 · *로빈슨 제퍼스_128*
사월의 비 노래 · *랭스턴 휴즈_130*
흑인이 강들을 말한다 · *랭스턴 휴즈_131*
마멋 · *리처드 에버하트_132*
"잡초여 영원하라" · *시어도어 레트커_135*
뿌리 창고 · *시어도어 레트커_136*
초록 도화선을 통해 꽃을 몰고 가는 힘 · *딜런 토머스_137*
내가 떼는 이 빵은 · *딜런 토머스_139*
동물들의 하늘나라 · *제임스 딕키_140*
우리 주위의 생명 · *드니스 레버토브_143*
남동생 담쟁이 · *드니스 레버토브_144*
비극적 오류 · *드니스 레버토브_145*
똥시 · *맥신 쿠민_147*
영역 · *맥신 쿠민_149*
사건 · *A . R. 애몬스_151*
날아 봐 · *W . S. 머윈_153*
최전선 · *게리 스나이더_155*
어머니 대지-그 고래들 · *게리 스나이더_157*
돼지 관찰 · *테드 휴즈_161*
엉겅퀴 · *테드 휴즈_163*
새 강아지 · *린다 패스턴_164*
배 · *린다 패스턴_165*
검은 뱀 · *메리 올리버_166*
기러기들 · *메리 올리버_168*
여름날 · *메리 올리버_169*

I

르네상스와
신고전주의 시대 자연시

향기로운 계절

헨리 하워드*

싹 틔우고 꽃 피우는 향기로운 계절이
언덕과 계곡에 초록 옷을 입혔구나.
새 깃털을 입은 나이팅게일은 노래를 하고
산비둘기도 제 짝을 찾아 사연을 속삭이네.
여름이 왔는지 가지마다 싹은 트고
사슴도 묵은 뿔을 말뚝에 걸쳤구나.
영양도 겨울옷을 수풀에 내던지고
물고기도 새로 돋은 비늘 옷 입고 헤엄치네.
살모사도 제 허물을 모두 벗어 던지고
날쌘 제비는 조그만 파리들을 쫓는구나.
분주한 벌은 이제 제 꿀을 만들어내고
꽃들을 해치던 겨울은 이제는 간데없구나.
그렇듯 이 즐거운 것들에겐 근심이
물러간다만, 내게는 슬픔이 샘솟는구나.†

* Henry Howard, Earl of Surrey (1517–1547): "The Soote Season"
† 마지막 행의 반전은 봄의 의미를 한 차원 더 깊이 생각하게 만든다.

표류하는 배처럼

에드먼드 스펜서*

드넓은 바다에서 어느 별의 인도를 받아†
제 길을 가던 중에 폭풍을 만나
믿었던 길잡이가 안 보여 항로를 벗어나고
길을 잃고 먼 곳으로 표류하는 배처럼,
밝은 빛으로 나를 이끌어 주던 별이
구름으로 덮이니 내 주위로 깔려 있는
보이지 않는 위험들 때문에
지금 나는 어둠과 불안 속을 헤매고 있네.
그러나 바라건대, 이 폭풍이 지나가면
나의 길잡이 별인 나의 북극성이‡
다시 빛나며 마침내 나를 굽어보면서
사랑스런 빛으로 내 어두운 슬픔 밝히리니
그때까지는 은밀한 슬픔과 서글픈 수심 속에서
위안도 없이 근심만 가득한 채 방황하리라.§

---

* Edmund Spenser (1552 – 1599): "Lyke as a Ship"

† 르네상스 시대에는 항해하는 배들이 북극성이나 북두칠성의 위치를 통해 항로를 확인하고 항행을 했다.

‡ 원문의 "북극성"(Helice)은 당시에 항해의 길잡이 역할을 했던 북극성(The North Star)뿐 아니라 북두칠성(The Big Dipper)을 가리키기도 한다.

§ 시인은 이루어질 수 없는 사랑을 하고 있는 자신을 별의 인도 없이 바다를 항해하는 사람에 비유하며, 자신이 사랑하는 여인을 다가갈 수 없는 별에 비유하고 있다.

사랑에 빠진 목동이 그의 애인에게

크리스토퍼 말로우*

어서 와 나와 함께 살며 내 사랑이 되어 주오.
그리하여 계곡과 동산과 언덕과 들판이,
숲이나 가파른 산이 베풀어 주는
온갖 즐거움을 우리 맛봅시다.

그리고 우리 함께 바윗돌 위에 앉아
시냇물 소리에 맞춰 새들 정답게 노래하는
얕은 강가에서, 목동들이 양에게
풀을 뜯기는 것을 구경합시다.

그리고 나는 당신을 위해 장미꽃 잠자리와
천 가지 향기로운 꽃다발과
꽃 모자, 그리고 도금양 잎들로 수놓인
조끼를 만들어 줄 것이며

우리의 귀여운 양들에게서 뽑은
보드랍디 보드라운 털로 짠 잠옷이며,
순금의 버클이 달려 있고
고운 안감을 댄 방한용 덧신이며,

산호 고리와 호박 단추가 달린
밀짚과 담쟁이 새싹 허리띠를 만들어 주겠소.
그러니 만일 이러한 기쁨들이 맘에 든다면

어서 와 나와 함께 살며 내 사랑이 되어 주오.

오월의 아침마다 당신을 기쁘게 하고자
목동들은 춤추며 노래할 거요.
만일 이런 즐거움이 당신의 맘에 든다면
나와 함께 살면서 내 사랑이 되어 주오.†

---

* Christopher Marlowe (1564–1593): "The Passionate Shepherd to His Love"

† 이런 목가적 배경 속에서 구애를 하는 서정시는 엘리자베스 1세 여왕 시기에 가장 인기 있는 장르의 하나였다.

목동에게 주는 요정의 대답

월터 롤리 경*

만약 온 세상과 사랑이 언제나 청춘이고
모든 목동의 말에 진실만 담겨 있다면
이 즐거운 기쁨들은 나를 감동시켜
내 당신과 함께 살며 당신의 사랑이 되겠지요.

강물이 거칠어지고 바윗돌이 차가워질 때
시간은 양 떼를 들에서 우리로 몰아가고,
나이팅게일도 노래를 그치며,
남은 새들도 닥쳐올 근심을 걱정합니다.

꽃들은 시들고, 무성하던 들판도
심술궂은 겨울에게 심판을 맡기며,
달콤한 말은 쓰디쓴 가슴,
환상 속에선 봄일지라도, 슬픔의 가을입니다.

당신의 잠옷, 당신의 신, 당신의 장미꽃 잠자리,
당신의 모자, 당신의 조끼, 그리고 당신의 꽃다발은
이내 부서지고 이내 시들고 이내 잊히고 말 터—
무지 속에 무르익고, 이성 속에 쇠퇴합니다.

밀짚과 담쟁이 새싹들로 만든 당신의 허리띠,
당신의 산호 고리와 호박 단추들,

이 모든 것들은 결코 나를 감동시키지 못하니
나는 당신에게 가서 당신의 사랑이 될 수는 없답니다.

그러나 젊음이 지속되고 사랑이 언제나 커져만 간다면,
기쁨이 끝을 모르며 늙어서도 궁핍을 모른다면,
그때는 그 즐거운 것들이 내 마음을 감동시켜
당신과 함께 살며 당신의 사랑이 될지도 모르지요.†

---

* Sir Walter Raleigh (1552–1618): "The Nymph' s Reply to the Shepherd"

† 이 시는 바로 앞의 크리스토퍼 말로우의 「사랑에 빠진 목동이 그의 애인에게」에 대한 답시로 씌어졌다. 말로우의 시가 사랑에 빠진 젊은이의 간절한 구애를 노래한다면, 롤리의 시는 사랑의 낭만적 환상에서 벗어나 현실적 차원에서 냉철한 이성의 눈으로 남녀의 관계를 보고 있다. 전자는 백화 만발하는 봄의 시이나, 후자는 낙엽이 지는 가을의 시라고 할 것이다.

당신을 여름날에 비교할까요?

월리엄 셰익스피어*

당신을 여름날에 비교할까요?
당신은 여름보다 더 사랑스럽고 온화합니다†.
오월의 어여쁜 꽃봉오리는 거친 바람에 흔들리고
여름의 기간도 마냥 짧기만 하답니다.
하늘의 눈은 때때로 너무 뜨겁게 빛나고
그의 황금색 피부도 종종 어두워지지요.
우연한 사고나 자연의 섭리로 치장을 벗게 되니
모든 아름다움은 언젠가 그 아름다움을 잃는답니다.
하지만 당신의 영원한 여름은 시들지 않으며
당신이 소유한 그 아름다움도 잃지 않을 것이며,
죽음도 당신을 사로잡고 있다고 뻐기지 못하리니,
당신은 영원한 시행 속에서 시간과 하나 될 테니까요.
  사람이 숨을 쉬는 한, 아니 눈이 볼 수 있는 한
  오래 오래 이것은 살아서 당신에게 생명을 줍니다‡.

---

* William Shakespeare (1564－1616): Sonnet 18 ("Shall I compare thee to a summer' s day")

† 일반적으로 영국은 사계절 가운데 가장 온화하고 좋은 날씨가 여름이다.

‡ 애인의 아름다움도 시인의 위대한 작품에 담기면 영원한 생명을 얻게 된다. '인생은 짧고 예술은 길다' 는 명언을 상기시키는 작품이다.

찬란한 아침 해가

윌리엄 셰익스피어*

나는 보았지요, 찬란한 아침 해가 그토록 자주
제왕의 눈으로 산등성이를 즐겁게 하고
황금빛 얼굴로 푸른 초원에 입 맞추고
하늘의 연금술로 창백한 시내를 물들이는 것을.
그러다가도 어느새 검은 구름이 몰려와
추악한 조각구름은 그의 천상의 얼굴을 덮고
쓸쓸한 세상으로부터 그의 얼굴을 감추어 버리니
그는 치욕스러워 슬그머니 서쪽으로 사라집니다.
그렇게 나의 태양도† 어느 이른 아침
찬란한 광채로 내 이마를 비추었건만,
그러나 아 슬프도다! 그는 잠시만 내 것이었고
지금은 하늘의 구름이 그를 가려 버렸습니다.
  하지만 내 사랑은 절대로 그 때문에 그를 멸시하지 않아요.
  하늘의 태양도 흐려지는데 지상의 태양인들 어찌 하리오‡.

---

* William Shakespeare (1564–1616): Sonnet 33 ("Full many a glorious morning")
† "나의 태양"은 사랑하던 애인을 비유함.
‡ 사랑하는 사람의 변심을 두고 하늘의 태양도 한결같지 못한데 인간들의 사랑이야 말해 무엇 하겠느냐는 체념어린 슬픔을 표현하고 있다.

파도가 조약돌 해변을 향해 밀려가듯이

윌리엄 셰익스피어*

파도가 조약돌 해변을 향해 밀려가듯이
그렇게 우리의 시간도 종말을 향해 달려갑니다.
저마다 앞서 가는 파도와 자리를 바꾸면서
쉬지 않고 애쓰며 앞으로 나아가려 다투어댑니다.
한때는 빛의 바다에 있다가 태어난 아기는†
기면서 성숙하고, 이어 성인이 되고 나면
꼬부랑 노년이 그의 영광에 맞서 싸우며,
베풀던 시간은 이윽고 그 선물을 파괴합니다.
시간은 청춘의 투구에 꽂힌 깃을 꿰뚫으며
미인의 이마에 깊은 주름들을 파놓고
자연의 진리라는 진귀한 것들을 먹어 버리니‡
그의 낫이 베지 않는 것은 하나도 없습니다.
그러나 나의 시는 그의 잔인한 손에도 불구하고
당신의 가치를 찬미하며 영원히 남을 것입니다.

---

* William Shakespeare (1564–1616): Sonnet 60 ("Like as the waves make towards the pebbled shore")

† "빛의 바다"(the main of light): 어머니의 자궁을 암시하는 비유.

‡ "자연의 진리라는 진귀한 것들"(the rarities of nature's truth): 세상에서 영원할 것이라고 찬미되던 자연의 진기한 산물들.

그때가 되면 당신은

윌리엄 셰익스피어*

그때가 되면 당신은 내게서 보게 되겠지요,
얼마 전까지도 귀여운 새들이 노래를 하더니
이제는 황폐한 성가대, 찬바람에 흔들리는 나뭇가지에
누런 잎 몇 개 또는 하나도 달려있지 않은 모습을.
당신은 해가 지면 서쪽으로 사라지는
그런 하루의 황혼을 내게서 보게 되겠지요.
만물을 휴식 속에 봉해 버리는 두 번째 죽음
캄캄한 밤이 그 황혼마저 거두어 가겠지요.
생명을 타오르게 했던 그 불로 소진되어
마침내 임종의 자리에서 꺼져야만 하는,
청춘이 다 타고 남긴 잿불에 놓여 있는
그런 불빛이 타는 모습을 당신은 내게서 보게 되겠지요.
  당신이 이것을 안다면, 당신의 사랑은 더욱 깊어지고
  머지않아 당신이 잃게 될 것을 더욱 사랑하리라.

---

* William Shakespeare (1564–1616): Sonnet 73 ("That time of year thou mayst in me behold")

그녀의 얼굴엔 정원이 있어

토머스 캠피언*

그녀의 얼굴엔 정원이 있어
장미와 하얀 백합꽃들이 자라납니다.
온갖 달콤한 열매들이 넘쳐나는
그곳은 천상의 낙원입니다.
그곳에 자라는 버찌는 누구도 살 수 없지요
"버찌 사세요." 외치기까지는.

버찌들은 영롱한 두 줄의 진주를
아름답게 감싸고 있어요.
사랑스런 웃음으로 그것이 드러나면
마치 눈으로 가득 찬 장미꽃 봉오리만 같아요.
그러나 귀족도 왕자도 그것을 살 수는 없지요
"버찌 사세요." 외치기까지는.

그녀의 눈은 천사처럼 늘 그것을 지키니
눈썹은 당겨진 활처럼 곤두서 있고,
꿰뚫을 듯 찌푸린 눈살은
눈으로든 손으로든 감히 그 성스런 버찌에
범접하려는 모든 이들을 위협하고 있지요
"버찌 사세요." 외치기까지는.†

---

* Thomas Campion (1567–1620): "There Is a Garden in Her Face"
† 시인은 피어나는 소녀의 아름다움을 예찬하며 그것이 때가 되기도 전에 귀족 남성들의 욕망과 소유욕에 일찍 꺾이지 않기를 바라는 마음이다.

미끼

존 단*

어서 와 나와 함께 살며 내 사랑이 되어주오.†
그리하여 금빛 모래와 수정 같은 시냇물에서
새로운 기쁨들을 즐겨 봅시다
명주 낚싯줄과 은 낚싯바늘을 준비하고서.

태양보다는 오히려 당신의 눈으로 따스해진
강물은 재잘재잘 속삭이며 흘러갈 겁니다.
그리고 그곳엔 당신에게 반한 물고기들이
낚이기를 간청하며 멈춰 설 것입니다.

당신이 저 천연 목욕탕에서 헤엄치려 하면
수로마다 살고 있는 물고기들 모두는
요염하게 당신에게로 헤엄쳐 갈 터인데,
잡히기보다는 오히려 당신을 잡는 것을 더 기뻐하겠죠.‡

만일 당신이 태양이나 달에 의해 눈에 띄는 것을
싫어한다면, 당신은 그 둘을 어둡게 만들지요.
그리고 만일 나 자신이 당신을 볼 수 있는 허락을 받는다면
나는 당신이 있으니 그들의 빛이 필요치 않지요.

다른 사람들은 낚싯대와 함께 얼어붙고,
조개껍질과 잡초로 다리를 베이도록 두어요.

아니면 옭죄는 덫으로든 창문 꼴 그물로
약삭빠른 가여운 물고기나 포위하라고 하지요.

대담하고 거친 손은 둑에 숨은 고기들을
진흙 집에서 움켜잡아 올리게 하고,
교묘하게 만들어진 사기꾼, 명주실 미끼 파리는
가여운 물고기들의 헤매는 눈이나 유혹하라 하지요.

당신에게는 그런 속임수가 필요 없답니다,
왜냐하면 당신 자신이 당신의 미끼가 되니까요.
당신이란 미끼에 잡히지 않는 물고기라면
애석하게도, 나보다 훨씬 더 현명한 존재랍니다.

---

* John Donne (1572-1631): "The Bait"

† 이 시는 앞서 소개된 크리스토퍼 말로우의 「사랑에 빠진 목동이 그의 애인에게」와 월터 롤리 경의 「목동에게 주는 요정의 대답」을 적절히 변형시킨 존 단 나름의 목가적 연애시이다.

‡ 당시에는 여성의 매력이나 미모를 강조하기 위해 시냇물이나 강에서 목욕하는 여성에게 반해 물고기들이 그녀에게 몰려드는 비유가 자주 사용됐다.

벼룩

존 단*

이 벼룩 좀 봐요. 그리고 여기서 깨닫구려,
당신이 내게 거부하는 게 얼마나 하찮은 일인지를.
녀석은 먼저 내 피를 빨고, 지금은 당신의 피를 빠는구려.
그리하여 이 벼룩 안에서 우리의 두 피가 뒤섞여 버렸소.†
이것을 두고 죄라고, 수치라고, 아니 처녀막 상실이라고
말할 수 없음을 당신도 알지 않소.
그런데 녀석은 구애도 하기 전에 먼저 즐기고
둘로 이루어진 하나의 피로 배까지 불렸으니
속상하게도 녀석은 우리가 바라는 것 이상을 하는구려.

아 멈춰요, 한 마리 벼룩 안의 세 생명을 죽이지 마오.
그 안에서 우리는 거의 결혼을, 아니 그 이상의 일을 한 것이오.
이 벼룩은 곧 당신인 동시에 나이며, 또 이 벼룩은
우리의 부부 잠자리요, 혼인식을 올린 성전이라오.
당신의 부모나 당신도 못마땅해 하지만, 우리는 만났으며
이 살아있는 흑옥黑玉 담장 안에서 살림을 차린 것이라오.‡
비록 당신은 습관적으로 나를 죽이곤 하지만§
거기에 더불어 자살과 신성모독을 더하진 말구려.
셋을 죽임으로써 삼중의 죄를 짓는 셈이니까.

잔인하여라, 눈 깜짝 할 사이에 당신은 벌써
무죄한 피로 당신의 손톱을 빨갛게 물들여 버렸나요.

당신에게서 빨아먹은 그 핏방울만 아니라면
이 벼룩이 도대체 무슨 죄가 있단 말인가요?
하지만 당신은 의기양양하게 말하는구려,
그럼에도 당신이나 내가 더 허약해지진 않았다고.
바로 그겁니다. 그러니 당신의 우려가 얼마나 오산인가요.
당신이 내게 몸을 맡긴다 해도, 이 벼룩의 죽음이
당신에게서 빼앗은 피만큼의 순결이 소모될 뿐이라오.

---

* John Donne (1572–1631): "The Flea"
† 두 피가 섞였다는 것은 당시에는 남녀의 성교를 암시하는 의미였다.
‡ 벼룩의 검은 색을 흑옥 (黑玉, jet)에 비유한 말.
§ 여자가 화자의 구애를 자주 거부했음을 암시한다.

수선화에게

로버트 헤릭*

아름다운 수선화여, 우리는 눈물짓노라
너희가 그처럼 서둘러 떠나는 것을 보고.
일찍 뜨는 태양은 아직
한낮에 이르지도 않았단다.
기다려 다오, 기다려 다오
서두르는 하루가 저녁기도 시간에
이를 때까지라도.
그러면 우리도 함께 기도하고
너희와 더불어 떠날 것이니.

너희와 한가지로 우리도 머무는 시간이 짧구나.
우리의 봄도 짧기만 하구나.
너희나 세상의 다른 어느 것과도 같이
우리도 자라나기 무섭게 사멸을 겪는구나.
너희의 시간처럼
우리도 죽어서 말라 없어지나니
꼭 여름 소나기만 같구나.
아니 진주 방울 아침 이슬처럼
다시는 찾을 길이 없구나.†

---

* Robert Herrick (1591–1674): "To Daffodils"

† 인생은 꽃처럼 아름다우나 아침 이슬처럼 덧없이 한 순간에 지나가 버리는 것임을 노래한다.

그의 만족스런 시골 생활

로버트 헤릭*

여기, 바로 여기에선 최소의 비용으로
나의 숙식을 해결하며 살고 있어요.
비록 음식물이 그토록 초라할 수 없겠지만
나의 검소함과 나에게 충분히 만족스러워요.
완두든 콩이든 배추든 무든,
어떤 것이든 달콤한 만족을 줍니다.
여기서는 매우 기쁘게도, 초라한 집이라서
우리는 집세도 내지 않지요.
여기서는 휴식을 즐기면서도 절대
집주인이나 고리대금업자가 두렵지 않아요.
지불청구서 때문에 밤중에도 놀라서
우리의 단잠을 깨는 법이 없지요.
우리는 우리 것을 먹으며, 더욱 배부르니
우리가 다른 이의 것을 먹지 않기 때문입니다.
그러나 불쌍해라, 다른 이의 고깃살로 뚱뚱해져
옆구리살이 늘어나는 사람들.
우리의 소중한 사생활을 볼 때
우리는 우리의 행운을 축복합니다.
우리를 아는 사람도 거의 또는 전혀 없으니
우리는 사는 게 기쁘답니다.

---

* Robert Herrick (1591–1674): "His Content in the Country"

꽃에 대한 명상

헨리 킹*

화사한 꽃들이여, 나도 너희처럼 단아하면서
그만큼 허영심이 덜하면 좋으련만.
너희는 세상에 나와 해 끼침 없이 뽐내다가
다시 땅속의 잠자리로 돌아가는구나.
너희는 자신이 온 곳을 알기에 오만하지 않으니
그 수놓인 의상들은 땅에서 온 것이기 때문이다.

너희는 자신의 달月과 시時에 복종하건만, 나는
시절이 언제나 봄이기를 바라는구나.
내 운명은 겨울을 알고 싶어 하지 않으며, 결코 죽지 않으려 하고,
그런 것은 생각조차 않으려 하는구나.
오, 내가 땅의 내 잠자리를 보고도
너희처럼 웃으며 즐거워할 수 있다면 좋으련만.

오, 가르쳐다오, 죽음을 보고도 두려워하지 않는 법을,
아니 오히려 죽음과 휴전하는 법을.
나는 얼마나 자주 보았던가, 관 위에 놓였어도
싱싱하고 산뜻한 너의 모습을.
향기로운 꽃들이여, 그러니 내게 가르쳐다오
너희처럼 내 숨결이 내 죽음에 향기가 되게 하는 법을.

* Henry King (1592–1669): "A Contemplation upon Flowers"

내게 더는 묻지 마라

토머스 케어리*

내게 더는 묻지 마라, 유월이 지났을 때
조브가† 시드는 장미를 어디에 두는지를.
왜냐하면 이 꽃들은 꽃봉오리 속에서처럼
당신의 미의 영롱한 심연 속에서 잠자고 있나니.

내게 더는 묻지 마라, 낮의 황금빛 원자들이
어디로 흩어져 가버리는지를.
왜냐하면 하늘은 순수한 사랑으로
당신의 머리칼을 짙게 할 빛 가루를 준비했나니.

내게 더는 묻지 마라, 오월이 지났을 때
나이팅게일이 어디로 황급히 가버리는지를.
왜냐하면 아름답게 노래하는 당신의 목청 속에서
그녀가 겨울을 나며 노래를 따뜻하게 덥히나니.

내게 더는 묻지 마라, 한밤중에 떨어지는
저 별들이 어디로 내리는지를.
왜냐하면 그것들은 당신의 눈에 내려, 거기서
천체에서처럼 고정되어 있나니.‡

내게 더는 묻지 마라, 불사조가 그 향긋한 둥지를
동쪽에 짓는지 서쪽에 짓는지를.§

왜냐하면 불사조는 마지막에 당신에게 날아가
당신의 향기로운 가슴에 묻혀 죽나니.

---

* Thomas Carew (1595–1640): "Ask Me No More"

† "조브"(Jove): 그리스 신화의 최고신 제우스를 가리킴.

‡ 천동설이 믿어지던 중세의 천문학에 따르면 천체(天體)들은 지구를 둘러싸고 있는 공 모양의 구체(球體)로서 그 표면에 별들이 고정되어 붙어 있다고 생각되었다. 이 시는 지동설이 알려진 르네상스 후기에 쓰인 작품이지만 천동설은 예술적 목적으로 밀턴을 비롯한 많은 시인들에 의해 사용되었다.

§ "불사조"(phoenix)는 이집트 신화에 나오는 새로서 오백 년을 살고 죽을 때가 되면 향기로운 관목의 둥지를 틀고 거기에 불을 붙여 자신의 몸을 태워 죽는데 그 재로부터 새로운 불사조로 다시 태어난다고 한다.

봄

토머스 케어리*

겨울이 떠난 지금 대지는 하얀 눈옷을 잃고
서리는 더 이상 풀잎에 백설을 뿌리지 않으며
은빛 호수에도 수정 같은 개울에도
얼음 크림을 바르지 않는구나.
오히려 따사로운 해가 무감각한 땅을 녹여
부드럽게 만들고, 죽었던 제비를
성스럽게 탄생시키고, 속이 빈 나무에서
졸고 있는 뻐꾸기와 호박벌의 잠을 깨우는구나.
이제는 지저귀는 음유시인들의 합창대가
양양하게 세상에 청춘의 봄을 가져오는구나.†
계곡과 산과 숲이 화려한 치장을 하고
고대하던 오월의 도래를 환영하는구나.
만물이 미소 짓는 지금, 오로지 내 임만 울상이구나.
여전히 그녀의 가슴을 꽁꽁 얼려 놓고
동정심을 냉각시키는 저 대리석 같은 얼음을
작열하는 정오의 태양도 녹여낼 힘이 없구나.
최근에 마구간으로 피신했던 황소도
지금은 편안하게 들판에 누워있고,
사랑도 이제는 더 이상 난롯가가 아니라
시원한 나무 그늘에서 이루어지나니,
하여 아민타스는 지금 사랑하는 클로리스와‡
삼나무 아래서 잠들고, 만물은 계절과

박자를 맞추건만, 오직 내 임만은
눈은 유월이되 가슴은 일월이구나.

---

* Thomas Carew (1595–1640): "The Spring"
† 봄이 되어 지저귀는 새들을 "음유시인들의 합창대"라고 비유하고 있다.
‡ 아민타스(Amyntas)와 클로리스(Chloris)는 서양 목가시에 흔히 등장하는 목동과 그 애인의 이름.

에덴의 동쪽

존 밀턴*

이제 그가 새로운 놀라움에서 아래를 바라보니†
좁은 공간 속에 인간이 감각을 통해 얻을 수 있는
온갖 기쁨을 갖춘 자연의 모든 부, 아니 그 이상인
지상의 천국이 보였으니, 이 정원이 다름 아닌
하느님의 복된 낙원으로, 에덴의 동쪽으로
놓여 있었다. 에덴은 아우란에서 동쪽으로 뻗어
그리스의 임금들이 건설한 거대한 셀레우키아의
왕성들까지, 혹은 에덴의 아들들이 오래 전에
텔라사르에 살던 곳까지 미쳤으니,‡ 이 즐거운 땅에
하느님은 한층 더 즐거운 정원을 분부하셨으며,
그 비옥한 땅으로부터 보기 좋고, 향기 좋고, 맛좋은
가장 고귀한 온갖 나무들이 자라나게 하셨는데,
그 한복판에는 생명의 나무가 서 있었으니
빼어남이 이를 데 없으며, 식물성 황금의 맛난 열매를
피워내고 있었고, 생명의 나무 옆으로는
우리의 죽음, 지식의 나무가 가까이 자라고 있었으니,
악을 앎으로써 선의 지식에 비싼 대가를 치룰 터였다.

---

* John Milton (1608–1674): *Paradise Lost*, Book 4, ll. 205–284.

† 천국에서 하느님에 저항하여 싸우다 패퇴한 마왕 사탄은 보복을 다짐하며 하느님이 창조한 이담과 하와가 살고 있는 에덴동산에 접근한다. 묘사되는 에덴의 풍경은 밀턴에 의해 하늘로부터 지구를 향해 접근하는 사탄의 눈을 통해 관찰되는 것처럼 그려지고 있어서 마치 에덴의 조감도를 보는 듯하다.

‡ 아우란(Auran)은 유프라테스 강을 낀, 그리고 셀레우키아(Seleucia)는 티그리스 강을 낀 도성의 이름. 텔라사르(Telassar)는 에덴에 있는 도시의 이름이다.

큰 강이 에덴을 통과하여 남쪽으로 흐르는데
그 물길을 바꾸지 않고 나무들 우거진 산을 통과하여
아래로 지나가는데, 하느님께서는 그 산을 내던져서
급류 위로 동산의 터를 높이셨고, 자연스런 갈증으로
이 급류는 구멍 난 대지의 지맥을 통해 빨려 들어가
새로운 샘으로 솟구쳤으며, 무수한 실개천이 되어
동산을 적셨고, 그로부터 다시 하나로 모여서
가파른 계곡을 따라 떨어져 아래의 큰물과 합쳐졌고,
이것이 이제 어두운 물길에서 벗어나오며
네 개의 큰 물줄기로 갈라지는데
저마다 다른 방향으로 흘러서, 유명한 나라와 지방들로
퍼져 가는데, 여기서는 그에 대해 언급할 필요가 없고,
오히려 말 재주가 있어 그 모습을 이야기한다면
저 사파이어 빛 샘에서 산뜻한 개울들이
찬란한 진주와 황금의 모래 위를 흘러서
늘어진 나무그늘 밑을 굽이굽이 돌아
감로수처럼 흘러가며 모든 식물을 적시고
낙원에 어울리는 꽃들을 자라게 하였으니,
이는 꽃밭과 진귀한 화단의 훌륭한 원예술이 아니고,
자연이 풍성하게 산과 계곡과 들에 쏟아 붓는 것이니
그곳에는 아침 해가 제일 먼저 탁 트인 들판을 비치고
햇빛이 들지 않는 그늘이 한낮의 정자를 어둡게 한다.
그처럼 이곳은 다양한 경관을 갖춘 행복한 전원이니,
숲의 무성한 나무들이 향기로운 수액과 방향을 뿜고,
또 다른 숲에는 황금빛 껍질로 번쩍이는 과실들이
사랑스럽게—만일 헤스페로스의 우화가 진실이라면*
오직 이곳에서만—달콤한 맛을 지니고 매달려 있다.
그 숲들 사이로는 잔디밭, 혹은 평평한 언덕, 그리고

이곳저곳엔 양떼들이 흩어져 연한 풀을 뜯고 있고,
혹은 종려나무 우거진 작은 언덕이나, 습한 계곡의
화려한 등성이엔 다채로운 꽃들과, 가시 없는 장미의 보고가
펼쳐져 있었다. 한쪽에는 시원하고 호젓한 그늘진 동굴들,
그 위를 뒤덮은 포도덩굴은 자줏빛 포도를 맺고 말없이
무성한 줄기를 뻗는다. 그 사이로 흐르는 시냇물은
산비탈을 따라 흘러내리거나, 도금양에 뒤덮인 둑을
수정 거울처럼 반영하는 호수에서 물줄기들이 합쳐진다.
여기에 새들은 합창을 더하고, 숲과 들의 냄새를 풍기는
공기, 봄 공기는 흔들리는 잎들에 가락을 맞추는데,
이때 만물의 목신은 우미들과 시간들과 춤추며
영원한 봄을 끌어들인다.† 꽃을 따던 프로세르핀이
그 자신 더욱 아름다운 꽃이었기에 우울한 디스에게 꺾이고,
케레스가 딸을 찾아 고통스럽게 헤매던
저 아름다운 엔나 들판도,‡ 혹은 오론테스 강가
다프네의 저 아름다운 숲도, 카스탈리아의 영천도*
이 에덴 낙원과는 견줄 수 없으리라. 또한 이교도들에게
암몬 혹은 리비아의 주피터라고 불리는 늙은 함이
아말테아와 그녀의 혈색 좋은 젊은 아들 박쿠스를
계모 레아의 눈으로부터 숨겼던, 트리톤 강에 둘러싸인
저 니사 섬도,† 그리고 또한 아비시니아의 왕들이
그 후손들을 지켰던 곳, 에티오피아 적도 밑 나일 강의 발원지,
하룻길 높이의 번쩍거리는 바위로 둘러싸인 아마라 산도—
비록 혹자는 이곳을 진정한 낙원이라고 상상하지만—

---

* [그리스 신화] "헤스페로스"는 헤스페리데스(Hesperides)를 가리키는 말인데 '저녁의 아가씨들' 이란 뜻이다. 이들은 세계의 서쪽 끝에 살면서 제우스가 헤라와 결혼할 때 가이아로부터 선물 받은 황금사과를 지키던 요정들이다.

어찌 에덴 낙원과 견줄 수 있을 것인가.

이 산에서 멀리 떨어진 아시리아의 동산에서
마왕은 이 모든 기쁨을, 보기에도 새롭고 신기한 온갖 생명들을
아무런 기쁨도 느끼지 못하며 바라보았다.

(《실낙원》, 4권, 205-284행)

† [그리스 신화] 목신(Pan)은 숲의 신이며, 우미들(Graces)과 시간들(Hours)은 여신들을 가리킨다.

‡ [그리스 신화] 수확의 여신 케레스(Ceres)는 프로세르핀(Proserpine)의 어머니였는데, 딸이 아름다운 엔나(Enna) 들판에서 지하의 신 디스(Dis)에게 납치당하자 딸을 찾아 엔나 들판을 헤맸다.

* 오론테스(Orontes)는 시리아에 있으며 지성과 시의 신 아폴로 신전 가까이 위치하고 있다. 카스탈리아의 영천(Castalian spring)은 파르나소스 산에 위치하고 있으며 시인들에게 영감을 주는 샘으로 알려져 있었다.

† 아말테아(Amalthea)와의 사이에 바쿠스(Bacchus)를 낳은 뒤 주피터—그는 이집트에서 암몬(Ammon) 또는 함(Ham)이라고 불렸다—는 그의 아내 레아(Rhea)의 눈을 피하기 위해 아들 바쿠스를 북아프리카의 니사(Nysa)로 옮겼다.

여치

에이브러햄 쿨리*

행복한 곤충이여, 행복에 있어서
무엇을 너와 견줄 수 있으랴?
이슬 젖은 아침의 부드러운 포도주
너는 그 신성한 양분을 먹고 사는구나!
자연이 늘 너에게 시중을 들고
너의 초록색 잔을 채워주는구나.
네가 가는 곳 어디서나 잔은 채워지니
자연이 바로 너의 가니메데스.†
너는 마시고 춤추고 노래하는구나.
가장 행복한 왕보다도 더 행복하여라!
네가 보고 있는 모든 들판
모든 식물이 너의 것이리니,
여름 동안 생산되는 모든 것이
때 이른 수액으로 영그는구나.
사람도 너를 위해 뿌리고 심는구나.
그가 농부요, 네가 지주로구나!
너는 해 끼침 없이 즐기니,
너의 사치는 파괴를 모르는구나.
목동도 기쁘게 네 노래를 들으니
그보다도 더 조화롭구나.

---

* Abraham Cowley (1628–1667): "The Grasshopper"
† "가니메데스"(Ganimed): 그리스 신화에 등장하는 트로이의 미소년. 제우스는 그의 아름다움에 반하여 그를 납치하여 올림포스의 신들에게 시중을 들게 하였다.

농부들도 기뻐 네 노래를 들으니
풍작의 해를 예언하는구나!
포에부스도‡ 너를 사랑하여 영감을 주니
포에부스가 바로 너의 부친이렷다.
지상의 만물 가운데 너에게만은
삶이 그대로 너의 기쁨이구나.
행복한 곤충이여, 행복한 그대여,
노년도 모르고 겨울도 모르는구나.
그런데 꽃잎 속에서 실컷
마시고 춤추고 노래한 뒤에
(욕망을 채우되 현명하기까지 하니
에피쿠로스적인 동물이로다)*
여름 잔치로 한껏 만족하고
너는 끝없는 휴식에로 물러나는구나.†

---

‡ "포에부스"(Phoebus): 고대 그리스 · 로마의 시의 신 아폴로(Apollo)를 지칭하는 형용사로 "빛난다"는 뜻. 여기서는 태양신 아폴로를 가리킨다.

* 그리스의 철학자 에피쿠로스(Epicurus)는 삶이란 죽음과 동시에 소멸되는 것이며, 따라서 인생의 목적은 향락, 즉 자연스런 욕망의 충족에 있어야 하며 인생이 명예나 물욕, 정욕 등의 노예가 되어서는 안 된다고 주장했다.

† 르네상스의 많은 시들이 인간적 상황을 비유하려는 목적에서 자연을 비유로 사용했던 데 반해 이 시는 자연물(여치 또는 메뚜기 같은 풀벌레) 자체에 대한 시인의 생각을 표현하고 있다.

초동이 반딧불들에게

앤드류 마블*

그대 살아 있는 등잔불들이여, 그 귀한 빛으로
소쩍새는 그처럼 밤늦도록 앉아 있으며,
그리고 여름밤을 새워 공부하면서
그 비할 데 없는 노래들을 짓는구나.

그대 시골의 혜성들이여,† 너희의 전조는
전쟁도 아니고 군주의 장례도 아니며,
다만 풀들의 몰락을 예고하는 것 말고는
그 이상 어떤 목적을 비추지도 않는다.

그대 반딧불들이여, 그 바지런한 불꽃은
밤중에 목적지를 잃어버리고
어리석은 불에 홀려 길을 벗어나는‡
방황하는 초동들에게 길을 밝혀주는구나.

하지만 줄리아가 이곳에 온 뒤부터
그대는 헛되이 그 정중한 빛들을 낭비하는구나.
그녀가 내 마음을 온통 뒤흔들어 놓았으니
나는 도저히 내 집을 찾아가지 못하겠네.

---

* Andrew Marvell (1621–1678): "The Mower to the Glow-Worms." 제목의 mower는 잔디나 풀을 깎는 사람을 일컬으며 여기서는 '초동(草童)'으로 번역하였다.

† "혜성들"(comets)은 전쟁이나 군주의 죽음 등과 같은 불길한 사건의 징조로 여겨져 왔다.

‡ "어리석은 불"(foolish fires)는 반딧불의 인도하는 자연의 불과는 대조적으로 인간에게 방황과 고통을 가져오는 정염의 불을 암시하고 있다.

정원

앤드류 마블*

종려나무, 참나무, 또는 월계수를 얻으려고†
그리고 쉴 새 없는 수고로 고작
풀이나 나무로 된 계관이나 쓰려고
사람들은 얼마나 헛되이 닦달하는가.
그들이 쓰는 계관의 짧고 좁은 그늘은
신중하게 그들의 노고를 나무라고 있으며,
한편에선 온갖 꽃과 나무들이 한데 어우러져
휴식의 화관을 짜고 있구나!

아름다운 고요함, 그리고 너의 소중한 자매
순진함을 내가 여기에서 찾은 것인가?
오랫동안 잘못 생각하여 나는 너희들을
분주한 사람들의 무리 속에서 찾아다녔구나.
너희들의 성스런 식물들은, 이곳 세상에서라면,
오로지 식물들 가운데서만 자랄 것이니,
이 감미로운 고독에 비한다면
인간 세상은 오히려 야만이구나.

어떤 흰색이나 빨간 색도 이 사랑스런 녹색처럼
그렇게 요염하게 보인 일이 없었다.

---

* Andrew Marvell (1621–1678): "The Garden"

† 고대에는 이 나무들의 잎으로 엮어진 계관이 각각 전쟁, 외교, 시에서 큰 업적을 이룬 이들에게 그들의 공을 치하하기 위하여 씌어졌다.

어리석은 연인들은 그들의 정염처럼 잔인하게
이 나무들에 제 애인들의 이름을 새긴다.
애석하구나, 그들은 나무들의 아름다움이
애인들의 그것을 능가함을 모르거나 무심하구나!
아름다운 나무들이여, 내가 설령 너희 껍질 어디에
상처를 낸다 해도 너희들의 이름만을 새겨 놓으리.

우리가 열렬한 사랑의 길을 다 달렸을 때
사랑도 이곳에서 최선의 은둔처를 마련한다.
인간 미녀를 쫓아 다니던 신들은
언제나 나무에서 그들의 경주를 마감했으니,
아폴로가 다프네를 그렇게 쫓았으나
그녀는 다만 월계수가 되어 자랐고,*
판도 시링크스를 뒤쫓아 달렸건만
잡고 보니 요정이 아니고 갈대였다.†

나는 얼마나 경이로운 삶을 영위하고 있는가!
잘 익은 사과들이 내 머리 주위에 떨어지고
달콤한 포도송이들은 내 입에다
포도주를 으깨어 짜주는구나.
천도와 오묘한 복숭아는
팔을 뻗으면 내 손에 닿는구나.
지나가다 멜론들에 발이 걸려 비틀거리고
꽃에 발이 감겨 나는 풀밭에 넘어진다.

그러는 사이에 마음은 작은 기쁨에서 물러나와
행복 속으로 들어간다.
마음은 모든 종류가 곧바로 자신의

닮은꼴을 가진 대양이건만,‡
마음은 이런 것들을 초월하여
훨씬 다른 세상들과 바다들을 창조하나니,
만들어진 모든 것을 소멸시켜
녹색 그늘 속의 녹색 생각으로 만든다.

여기 미끄러운 샘물의 언저리에서
혹은 어떤 과일 나무의 이끼 낀 뿌리에서
내 영혼은 육신의 옷을 벗어 던지고
나뭇가지 속으로 미끄러져 들어간다.
거기서 내 영혼은 한 마리 새처럼 앉아 노래하고
이어서 은빛 날개를 다듬고 빗질하며
더 긴 비행을 위한 준비가 될 때까지
깃털 속에 다채로운 빛을 짠다.

저 행복했던 정원의 나라가 그러했나니§
그곳에선 남자가 배필도 없이 거닐었다.
그처럼 순수하고 감미로운 장소를 얻었으니
어찌 다른 내조자가 필요했으랴!
하지만 그곳에서 혼자 지내는 것은
사람의 분수에 넘치는 일이었으니,
혼자 낙원을 누리며 산다는 것은

---

* 그리스 신화에서는 다프네(Daphne)가 아폴로 신의 접근을 피하려고 나무로 변신한다.
† 다프네의 신화에서처럼 시링크스도 목신 판(Pan)의 욕망을 피해 도망쳤으며 결국 갈대로 변신했다.
‡ 당대에는 육지의 식물은 바다에도 대응되는 것이 있다고 믿어졌다.
§ "정원의 나라": 구약성서 창세기의 에덴동산을 가리킴.

한 사람 속에 두 개의 낙원이 있는 셈이었다.**

노련한 정원사는 너무도 훌륭하게
꽃과 풀로 이 새로운 해시계를 만들어 놓았으니,
위로부터는 보다 온화한 태양이
향기로운 황도대를 통과하여 달리고,
부지런히 작업하는 꿀벌은
우리들처럼 훌륭하게 제 시간을 재는구나!
풀과 꽃이 아니라면 어떻게
이토록 감미롭고 건강한 시간을 잴 수 있으랴.†

** 시인은 아담이 에덴동산에서 혼자 분에 넘치는 행복을 누리고 있었기 때문에 그 행복을 시기한 나머지 하느님이 하와를 창조한 것이라고 상상해 본다.

† 시인은 자연의 시간이 인간의 이성에 의해 측정될 수 없는 건강함을 가졌다고 주장하고 있다.

지구의 탄식

M. L. 캐번디시*

오 자연이여, 자연이여, 나의 절규를 들어보라,
나는 매 분마다 상처를 받지만 죽을 수가 없다.
나의 자궁에서 잉태한 내 새끼들이
나의 옆구리를 파고, 나의 내장들을 온통 찢는다.
나의 얼굴에다 깊은 고랑을 내건만
나는 고통에서 벗어날 시간도 장소도 없구나.
다른 어떤 원소도 그처럼 유린된 일이 없으며
그토록 잔인하게 인간에게 이용당한 것도 없다.
사람이 하늘에 올라가 밭 갈고 씨 뿌릴 수 없으며
하늘도 별들을 씨 뿌려 자라게 할 수 없는 법이다.
하지만 그것들은 언제나 자연이 처음 심은 대로 있으며
그것들은 성숙도 성장도 원하지 않는다.
그것들은 결코 죽지 않으며, 자신의 위치를 새끼 별들에게
양보하지도 않으며, 언제나 자신의 궤도를 달리고 있다.
태양은 절대로 새끼 태양들을 낳느라고 신음하지 않으니
그 자신이 바로 아들이요 상속자이기 때문이다.
태양은 다만 왕처럼 한가운데 자리를 잡고 있고
행성들이 그를 둘러싸고 돌고 있다.
그의 머리 위에는 가장 느린 별들이 천천히 돌아가고
그의 아래로는 가장 빠른 행성들이 가고 있다.
각각의 행성은 저마다 서로 다른 측량을 하여
그들의 운동으로 아름다운 음악을 만들고 있다.

이처럼 모든 행성들이 그를 에워싼 채 돌고 있으니
태양은 그들의 사랑에 대한 보답으로 그들에게 빛을 보내주도다.†

* Margaret Lucas Cavendish (1623–1673): "Earth's Complaint"

† 당시의 천문학적 발견을 시로써 노래한 일종의 과학시(science poetry)라고 할 수 있다. 시인은 온 우주가 주어진 질서에 순응하며 본분에 충실하고 있으나 인간만은 자신의 터전인 지구(또는 동료 인간들)를 학대하며 못살게 굴고 있다고 하며 인간과 우주의 대조적인 모습을 그리고 있다.

자연을 따르라

알렉산더 포프*

자연은 모든 것에 알맞은 한계를 정했으며
현명하게도 교만한 자의 잘난 체하는 재기를 억제했다.
바다가 육지의 한 부분을 침범하면
다른 부분들에 넓은 모래밭을 남기듯이,
정신에서 기억력이 우세하게 되면
건전한 이해력은 약해지는 법이며,
뜨거운 상상의 광채가 노는 곳에서는
기억의 연약한 모습들이 녹아 없어진다.
한 재능에는 오로지 하나의 학문이 적합하다.
학술은 너무 방대하고, 인간의 지력은 너무 협소하여
몇 가지 특별한 기술에 제한되어 있을 뿐 아니라,
그 중에도 종종 단일한 부분들에만 국한되어 있다.
군왕들처럼 우리도 전에 얻은 점령지를 더 늘리려는
헛된 야심 때문에 가진 것마저 상실한다.
모두가 다만 자기가 이해하는 것에 겸손해 한다면
각자가 그 자신의 영토를 잘 다스릴 것이다.
우선적으로 자연을 따르고, 항상 변함없는
자연의 올바른 기준을 통해 판단을 내려라.
오류 없는 자연은 언제나 신성하게 빛나니
하나의 분명하고 변치 않는 보편적인 빛이요
만물에게 생명, 힘, 아름다움을 나눠주는 것이니
예술의 원천이요 목적이며 시금석이다. (《비평론》, 제1부, 52–73행)

---

* Alexander Pope (1688–1744): *An Essay on Criticism*, Part I, 52–73.

너 자신을 알라

알렉산더 포프*

그러니 너 자신을 알고, 주제넘게 하느님을 떠보지 말라.
인간의 합당한 연구 대상은 바로 인간이다.
인간은 이 협소한 중간자의 위치에 처해 있으니
어둡고도 현명하며, 거칠면서도 위대한 존재로다.
회의주의자라고 하기에는 너무도 아는 게 많고
금욕주의를 자랑하기에는 너무도 약해 빠졌구나.
중간에서 우물쭈물하니, 행동할지 그만둘지 모르며,
자신이 신적인 존재인지 짐승인지 알지 못하고,
마음을 따를지 몸을 따를지 확신하지 못하며,
태어나되 죽을 몸이요, 판단하되 그르치기 일쑤구나.
생각을 너무 적게 하든 아니면 너무 많이 하든
그의 이성이 그러한지라 무식하기는 매한가지구나.
사상과 감정은 온통 뒤죽박죽 혼돈이요,
언제나 스스로 속거나, 아니면 깨우치며,
반은 일어나고, 반은 쓰러지게 창조되었으니,
만물의 위대한 주인이되 또한 만물의 제물이구나.
진리의 유일한 판관이면서 끝없이 오류에 빠지니,
세상의 영광이요, 웃음거리요, 수수께끼로구나!

---

* Alexander Pope (1688–1744): Epistle II. Of the Nature and State of Man With Respect to Himself, as an Individual.

애완 고양이의 죽음

토머스 그레이*

중국의 화려한 염색술이
피어나는 청색 꽃들을 그려 놓은
키 높은 어항 옆이었다.†
암고양이 가운데 제일 얌전한
셀리마가 생각에 잠겨 몸을 기울인 채
저 아래 호수 위를 응시했다.

생각을 표현하는 그녀의 꼬리가 기쁨을 나타냈다.
곱고 동그란 얼굴, 눈 같은 수염,
공단 같은 까만 발,
거북고양이와 우위를 겨루는 털가죽,
흑옥 같은 귀, 에메랄드 빛 눈의
그녀가 보았다. 그리고 그르렁 환호했다.

꼼짝도 않고 그녀는 응시했다. 그러나 물살 속에
두 천사의 형상이 미끄러지듯 지나는 게 보였으니,
강물의 수호 정령들이었다.
그 비늘 갑옷의 자줏빛 색깔은
가장 풍부한 보라색과 함께 보는 이에게
황금색 광채를 드러내 보였다.

---

* Thomas Gray (1716–1771): "Ode on the Death of a Favorite Cat"

† 이 어항은 당시 중국에서 수입된 청화백자로 추측된다. 청화백자는 이 당시의 부유층이나 귀족 계층들이 소유하던 귀중품이었다.

‡ "불운의 요정": 곧 물에 빠져 죽게 될 셀리마를 가리킴.

불운의 요정은 경탄하며 바라보았다.[‡]
처음에는 볼수염으로, 그 다음에는 발톱으로
몇 번이고 애태우며
그 보물을 잡으려 하였지만 허사였다.
어느 여자의 마음이 황금을 마다하랴?
어느 고양이가 물고기를 싫다 하랴?

주제넘은 아가씨로다! 뚫어질 듯 바라보며
다시 발톱을 내밀고, 다시 목을 뺐으나
가로놓인 만灣을 의식하지 못했다.
(악의적인 운명의 여신이 곁에 앉아 미소를 지었으니)
미끄러운 가장자리는 그녀의 발을 속였고
그녀는 거꾸로 떨어져 물속에 빠졌다.

여덟 번이나 큰물에서 솟아오르며
그녀는 온갖 물의 신들에게 야옹거리며
긴급구조를 요청했다.
돌고래도 오지 않았고, 네레이드도 꼼짝하지 않았다.[*]
매정한 톰도, 수전도 듣지 못했다.[†]
총애 받는 자는 친구가 없는 법이다!

미녀들이여, 이로부터 깨달아 알지니,
발 한번 잘못 디디면 돌이킬 수 없나니
대담하되 신중할지어다.
그대들의 들떠 있는 눈과 조심성 없는 마음을
현혹시키는 모든 게 합당한 보물은 아니다.
번쩍이는 모든 것이 금은 아니다.[‡]

---

* "돌고래"와 "네레이드"는 물에 빠진 인간을 구조해 준다는 신화의 존재들.
† "톰"과 "수전"은 저택의 하인들의 이름. 그들은 일부러 고양이의 위기를 모른 척 한 것처럼 들린다.
‡ 셰익스피어의 《베니스의 상인》 2막7장 65행의 "All that glisters is not gold"를 인용함.

물가를 거닐며

샬롯 스미스*

초원 가운데 오리나무 가까운
갈대 자라나는 곳으로 산책을 간다.
그곳은 물고기들이 물살을 즐기며 먹이를 찾는
수정 같은 시냇물이 흐르고 있지.

그곳에선 금빛 잉어가 멱을 감고
송어와 퍼치와 브림도 함께 있지.†
보라! 그들이 물줄기를 흐르듯 스치고
유연한 지느러미들이 노 젓는 모습을.

그들이 더 깊은 물속으로 가라앉거나
수면 위로 떠오르기도 하는구나.
혹은 버드나무 뿌리 아래에서
쏜살처럼 달려 나와 물 파리를 잡아먹는구나.

갈대와 조약돌 사이에 몸을 숨긴
피라미와 잉어를 좀 보게나,
아니 미끄러지듯 수련을 스쳐가며
두려운 듯 우리의 접근을 피하는 모습을.

겁쟁이 물고기야, 두려워 말거라.
우리는 그물도 낚시도 가지지 않았단다.

우리는 여행객, 우리는 단지
자연의 책에서 배우고 싶을 따름이란다.

---

* Charlotte Smith (1749-1806): "A Walk by the Water"
† "퍼치"(perch)와 "브림"(bream)은 개천에 사는 민물고기의 종류들.

II

낭만주의와
빅토리아 시대의 자연시

한 알의 모래

윌리엄 블레이크*

한 알의 모래에서 세계를 보며
한 송이 들꽃에서 천국을 본다.
그대의 손바닥 안에 무한無限을 쥐고
한 순간 속에 영원永遠을 담으라.

새장에 갇힌 한 마리 울새는
천국을 온통 분노케 하며,
주인집 문전에서 굶어죽은 개는
그 나라의 멸망을 예고한다.

사냥에 쫓기는 토끼의 울부짖음은
우리의 뇌신경을 찢어 놓으며,
종달새가 날개에 상처를 입으면
하늘의 천사도 노래를 그친다.

늑대와 사자의 울부짖음은
인간의 영혼을 지옥에서 건지며,
이리저리 노니는 노루는
인간의 영혼에서 근심을 거둬간다.

(「순수의 전조」, 1~16행)

* William Blake (1757–1827): from *Auguries of Innocence*, lines 1–16.

파리

윌리엄 블레이크*

작은 파리야,
여름을 즐기는 너를
나의 생각 없는 손이
쫓아 버렸구나.

나도 너 같은
파리가 아니던가?
아니 너도 나 같은
인간이 아니던가?

나도
어느 눈먼 손이
나의 날개를 칠 때까지
춤추고
마시고 노래하지 않더냐.

만일 생각이 삶이요
힘이요 숨이라면,
그리고 생각이 없음이
죽음이라면,

그러면 나는
행복한 파리,

내가 살든
아니면 내가 죽든.[†]

---

* William Blake (1757–1827): "The Fly"
† 파리가 생각 없이 휘두르는 사람 손에 맞아 죽는 것이나 우연한 사고나 사건으로 사람이 졸지에 유명을 달리하는 것이나 무슨 차이가 있는 것일까.

호랑이

윌리엄 블레이크*

캄캄한 숲에서 눈부시게 불타는
호랑이여! 호랑이여!
어느 불멸의 손이 혹은 눈이
너의 무시무시한 균형을 빚을 수 있었을까?

네 두 눈의 불은
어느 먼 심해나 하늘에서 타던 것이냐?
어떤 날개를 타고 그가 감히 솟아오르려 했던가?
어떤 손이 감히 그 불을 움켜잡으려 했던가?

그리고 어떤 어깨가, 그리고 어떤 기술이
네 심장의 근육을 비틀 수 있었던가?
그리고 너의 심장이 고동치기 시작했을 때
어느 두려운 손이? 그리고 어느 두려운 발이?

어떤 망치였을까? 어떤 사슬이었을까?
어떤 용광로 속에 너의 머리가 있었던 것일까?
어떤 모루였을까? 어떤 무서운 악력握力이
감히 그 치명적인 공포를 움켜쥘 수 있었을까?

별들이 그들의 창을 내리 던지던 때,†
그리고 하늘을 그들의 눈물로 적시던 때
하느님은 자신의 작품을 보고 미소 지었을까?

양을 만드신 그분이 너도 만들었을까?

캄캄한 숲에서 눈부시게 불타는
호랑이여! 호랑이여!
어느 불멸의 손이 혹은 눈이
너의 무시무시한 균형을 빚을 수 있었을까?

---

* William Blake (1757－1827): "The Tyger"

† 천사들의 반란 사건을 언급하고 있는 듯하다(이사야서 14:12, 요한묵시록 8:12, 밀턴의 《실낙원》에서 언급되고 있음). 이 전통에 따르면 루시퍼의 유혹으로 천사들의 3분의 1이 천국에서 지옥으로 떨어졌다고 한다. 블레이크는 호랑이의 존재를 통해 악의 기원에 관한 궁극적인 의문을 제기하고 있다.

병든 장미

윌리엄 블레이크*

오 장미여, 그대는 병들었구나!
울부짖는 폭풍 속에서
어둠을 날아다니는
보이지 않는 벌레가

그대의 진홍빛
기쁨의 침대를 찾아냈구나.
그리하여 그의 어둡고 은밀한 사랑이
그대의 생명을 파괴하도다.†

---

* William Blake (1757－1827): "The Sick Rose"
† 이 작품은 인간의 이기적 욕망이 얼마나 자주 아름다운 생명들을 파멸에 이르게 하는가를 생각하게 만든다.

뒤집힌 계명

윌리엄 워즈워스*

일어나게, 친구여! 책을 치우게.
그렇지 않으면 허리가 구부러지고 말 걸세.
어서 일어나게, 친구여! 그리고 얼굴을 펴게.
어쩌자고 이토록 애쓰며 고생하는가?

산머리 위에 걸린 해는
길고 푸르른 들판 가득히
부드럽고 신선한 광채를 쏟아 놓았으니
그의 감미로운 초저녁 노랑 빛이라네.

책! 그것은 따분하고 끝없는 투쟁,
어서 와서 저 방울새 노래를 들어보게.
그의 음악은 얼마나 달콤한가!
맹세코 그 속엔 더 많은 지혜가 담겨 있다네.

들어 보게! 지빠귀의 유쾌한 노랫소리를!
그 또한 하찮은 설교자가 아니라네.
사물의 빛 속으로 들어오게,
자연을 그대의 스승으로 삼게나.

자연은 우리의 정신과 가슴을 축복하려고
세상 가득히 부를 준비해 두고 있으니,

그것은 건강이 숨 쉬는 자연스런 지혜이며
명랑이 숨 쉬는 진리라네.

봄철 숲에서 얻는 한 번의 충동은
사람과 도덕적 선악에 대해
모든 성현들의 가르침보다도
더 많은 것을 그대에게 가르쳐 주리.

자연이 가져다주는 배움은 달콤하여라.
간섭을 일삼는 우리의 지성은
사물의 아름다운 형상들을 일그러뜨리지.
우리는 해부를 위해 죽이지 않던가.

과학과 기술은 이제 접어 두게.
저 불모의 책을 덮고 밖으로 나오게.
그리고 다만 눈으로 보고 받아들이는
마음만 가지고 오게.

---

* William Wordsworth (1770–1850): "Tables Turned"

수선화

윌리엄 워즈워스*

계곡과 산 위로 높이 떠도는
구름처럼 외로이 헤매다가
갑자기 나는 보았네, 무리지어
무수히 피어 있는 금빛 수선화들이
호숫가 나무 아래
미풍에 살랑살랑 춤추는 광경을.

은하수에서 빛나며 반짝이는
별들처럼 줄줄이 이어져
호숫가 가장자리를 따라서
끝도 없이 줄지어 뻗혀 있었으니
나는 수만 송이가 유쾌한 춤을 추며
머리를 흔드는 모습을 한 눈에 보았네.

그 옆의 물결도 춤을 추었으나
즐겁기로는 수선화들이 물결을 능가하였지.
그처럼 유쾌한 동무가 함께 하나니
시인이라면 어찌 기쁘지 않을 것인가.
나는 보고, 또 보았지만 거의 생각지도 못했지
그 광경이 나에게 어떤 부를 안겨주었는지를.

종종 공허하거나 우울한 마음으로
내가 자리에 누워 있노라면
고독의 축복인 저 내면의 눈 위로
수선화들이 불현듯 떠오르고,
그러면 내 마음은 기쁨으로 가득 차
수선화와 더불어 춤을 추나니.

---

* William Wordsworth (1770–1850): "I Wandered Lonely as a Cloud"

내 가슴이 뛴다

윌리엄 워즈워스*

하늘의 무지개를 바라보면
내 가슴이 뛴다.
내 인생이 시작되었을 때도 그러했고
어른이 된 지금도 그러하며
내가 늙었을 때도 그러할지니,
아니면 차라리 나를 죽게 해 다오!
어린이는 어른의 아버지.
하여 소망컨대, 나의 하루하루가
자연에 대한 믿음으로 이어지기를 바라노라.

* William Wordsworth (1770–1850): "My Heart Leaps Up"

아름답고 고요한 저녁

윌리엄 워즈워스*

아름다운 저녁이여, 고요하고 자유롭구나.
숨 죽여 기도하는 수녀처럼
성스러운 시간은 조용하며
커다란 태양은 평온하게 내려앉고 있구나.
하늘의 부드러움이 바다를 품고 있구나.
들어보라! 위대한 존재는 깨어 있어
그의 영원한 운동으로 끝도 없이
천둥 같은 소리를 만들고 있구나.
여기 나와 함께 걷는 사랑하는 아기! 내 딸아!
너 비록 엄숙한 생각에 감화된 듯 보이진 않으나
그렇다고 너의 본성이 덜 신성한 것은 아니란다.
우리가 모르는 때에도 하느님은 너와 함께 계시니
너는 연중 내내 아브라함의 품에 안겨
대성전 지성소에서 예배하는 것이란다.†

* William Wordsworth (1770−1850): Sonnet ("It is a beauteous evening, calm and free")

† 시인은 우리가 몸담고 살고 있는 대자연이 그 자체로 신의 대성전이며, 어린이(시에서는 자신의 어린 딸)는 그 자연스런 순수함 때문에 그 스스로가 가장 훌륭한 신의 예배자라고 생각한다.

세상은 우리에게 너무하구나

윌리엄 워즈워스*

세상은 우리에게 너무하구나. 새벽부터 밤늦도록
우리는 벌고 쓰느라 우리의 힘을 소모하고 있구나.
우리의 자연인데 우리는 보는 것이 거의 없구나.
우리는 가슴을 내팽개쳤으니, 더러운 선물이구나!
달을 향해 젖가슴을 드러낸 바다며
언제든 포효할 것 같지만, 그러나 지금은
잠자는 꽃처럼 오므린 바람,
우리는 이 모든 것들과 조화를 잃었구나,
감동이 없구나.—세상에 이럴 수가! 나는 차라리
낡아빠진 신조를 빨며 사는 이교도가 되고 싶구나.
그러면 나는 이 쾌적한 초원에 서서
나를 덜 쓸쓸하게 할 모습들을 얼핏 볼 수 있으련만.
바다에서 솟아오르는 프로테우스를 볼 수 있으련만.†
늙은 트리톤의 해초 감긴 나팔소리를 들을 수 있으련만.‡

---

* William Wordsworth (1770–1850): Sonnet ("The world is too much with us")
† "프로테우스"(Proteus): [그리스 신화] 자신의 모습을 자유자재로 바꾸는 해신.
‡ "트리톤"(Triton): [그리스 신화] 포세이돈의 아들이며 소라고둥 나팔로 파도를 일으키거나 잠재우는 반인반수의 해신.

노수부의 노래

S. T. 콜리지*

배 그림자 너머로
나는 물뱀 떼들을 보았네.
그들은 반짝이는 하얀 궤적을 그리며 움직였는데
그들이 고개를 쳐들자 요정 같은 불빛이
하얀 불꽃처럼 쏟아져 나왔지.

배 그림자 너머로
나는 그들이 화려한 옷을 입고 있는 것을 보았네.
푸른 빛, 윤기 나는 녹색, 삼단 같은 검은색으로
그들은 똬리를 틀거나 헤엄을 치는데, 그 궤적마다
황금빛 불꽃이 번쩍거렸지.

오 행복하여라, 생명이 있는 것들이여!
그들의 아름다움을 어찌 말로써 표현할 수 있겠는가.
내 가슴에선 사랑의 샘물이 솟구쳤고
나는 자신도 모르게 그들을 축복하였네.
필경 나의 인자하신 성인께서 나를 불쌍히 여기셨음이니
나는 자신도 모르게 그들을 축복한 것이었지.

바로 그 순간 내가 기도를 할 수가 있었네.
그러더니 신천옹이
내 목에서 떨어져 나갔고

바다 속으로 납덩이처럼 가라앉았네.

....

잘 가게, 잘 가게! 그러나 이 말만은
그대에게 반드시 해야겠네, 결혼 축하객이여!
사람이든 새든 짐승이든 잘 사랑하는 사람이
기도도 잘하는 사람이라네.

크건 작건 모든 것을 가장 잘 사랑하는 사람이
가장 훌륭한 기도를 하는 사람이라네.
그것은 우리를 사랑하시는 하느님께서
만물을 지으셨고 사랑하시기 때문이라네.

(「노수부의 노래」, 272-291, 610-617행)

---

* Samuel Taylor Coleridge (1772-1834): "The Rime of the Ancient Mariner," ll. 272-291, 610-617.

여치와 귀뚜라미

존 키츠*

지상의 시는 결코 죽지 않는다.
　해가 뜨거워 어지러운 새들이 모두 시원한 숲에 숨으면
　새로 풀을 깎은 목장 산울타리 이 끝에서 저 끝까지
들리는 목소리가 있으니,
그것은 여치의 것—그는 여름날의 기쁨을
　주도한다—그는 자신의 기쁨을
　끝낸 적이 없다. 즐기다가 지치면
어느 쾌적한 잡풀 아래에서 편안히 쉰다.
지상의 시는 결코 중단되는 법이 없다.
　쓸쓸한 겨울 저녁 무서리에 세상이 침묵할 때
　난롯가에서 날카롭게 들려오는 귀뚜라미 노랫소리는
방이 훈훈해지면서 자꾸만 높아지니,
　반쯤 졸고 있는 사람에겐
　어느 산중 풀밭에서 여치가 우는 줄 알겠다.

---

* John Keats (1795−1821): “On the Grasshopper and Cricket”

가을에게

존 키츠*

1

안개와 말랑말랑한 결실의 계절이며
무르익게 만드는 태양의 절친한 친구여,
그대는 초가집 처마를 휘감은 포도덩굴을
어떻게 열매를 주렁주렁 매달아 축복해야 할지,
어떻게 이끼 낀 오두막의 과수들을 사과로 늘어지게 할지,
어떻게 모든 실과를 속속들이 영글게 하고,
어떻게 박을 부풀리고, 달콤한 속으로 개암을 살찌울지,
그리고 여름이 끈끈한 벌집들을 넘치도록 채워 주었으니
벌들이 따뜻한 날들이 끝나지 않으리라 생각하도록
벌들을 위해 어떻게 뒤늦게 피는 꽃들을 더 많이 피게 할지
태양과 공모하고 있구나.

2

누가 수확 중의 그대를 종종 보지 못했으랴.
때때로 밖으로 나서는 사람은 누구든지
그대가 걱정 하나 없이 곡창 마루에 앉아 있고
그대의 머리카락은 키질하는 바람에 사뿐히 나부끼거나,
그대가 다음 낫질을 쉬고 뒤엉킨 꽃들을 남겨둔 동안에
반쯤 수확된 이랑 위에서 양귀비 꽃향기에 졸음 겨워
곤하게 잠든 모습을 보았으리라.
그리고 때때로 그대는 이삭 줍는 사람처럼

개울 위로 그대의 짐 진 머리를 숙이고 있거나
사과 착즙기 옆에서 참을성 있는 얼굴을 하고
마지막 짜 내리는 과즙들을 시간을 잊고 지켜본다.

3

봄의 노래는 어디에 있는가? 아, 어디에 있는가?
그것은 생각 말자, 그대에겐 그대의 노래가 있으니—
줄무늬 구름들은 조용히 지는 하루를 꽃으로 피우고
그루터기 들판을 장밋빛으로 적시나니,
이어서 가벼운 바람이 일고 자매
들렸다 내려앉는 강변 실버들 숲에서는
작은 각다귀들이 애절한 곡성으로 합창을 한다.
다 자란 양들 언덕배기에서 요란하게 울어대고
산울타리에선 귀뚜라미 노랫소리, 정원 뜰에선 지금
홍방울새가 부드럽게 떨리는 목소리로 휘파람을 분다.
그리고 제비들은 모여들어 하늘에서 지저귄다.

* John Keats (1795–1821): "To Autumn"

물새에게

W. C. 브라이언트*

이슬은 내리고
하늘은 하루의 마지막 발걸음으로 타는데
멀리, 장밋빛 심연을 뚫고 외로이
너는 어디로 가느냐?

사냥꾼의 눈인들
높이 날아가는 네게 해코지할 수는 없으리니
진홍빛 하늘에 까만 점이 되어
너의 모습 두둥실 떠가고 있구나.

네가 찾는 곳이 잡초 무성한
질펀한 호변이냐, 아니면 드넓은 강가더냐,
아니면 물살에 쓸리는 바다 위
일렁거리는 파도가 일고 자는 곳이냐?

너를 보살피는 어떤 '힘'이 있어
저 길 없는 해안, 광막하고 가없는 공중을 가는
너에게 길을 가르쳐 주나니,
너는 혼자 가면서도 길을 잃지 않는구나.

온종일 너의 날개를 저었고,
어두운 밤도 다가왔으나

저 멀고 높은 곳, 춥고 희박한 공중에서
　지쳐서 반가운 땅으로 내리지 않는구나.

　이제 곧 너의 노고도 끝나겠지.
곧 여름 집을 구하고, 휴식을 하면서,
너의 무리들 속에서 소리치고, 갈대들은
　곧 너의 안전한 둥지를 가려 주리라.

　사라졌구나. 하늘의 심연이
네 형상을 삼켜버렸구나. 하지만 내 마음엔
네가 준 교훈이 깊이 내려앉아
　쉽게 떠날 것 같지 않구나.

　가없는 하늘 이 끝에서 저 끝까지
너의 확실한 비행을 안내하시는 그분이
나 홀로 가야 하는 먼 길에서
　내 발길 바르게 이끌어 주시리.

---

* William Cullen Bryant (1794－1878): "To a Waterfowl"

진달래꽃

그 꽃이 어디서 왔느냐는 질문을 받고

R. W. 에머슨*

오월, 해풍이 우리의 고독을 꿰뚫을 때
나는 숲에서 갓 피어난 진달래꽃을 보았네.
눅눅한 모퉁이에서 잎 없는 꽃들을 펼치고
적막한 곳 느릿느릿 흐르는 개울을 기쁘게 했네.
자줏빛 꽃잎들은 웅덩이에 떨어져서
그 아름다움으로 검은빛 물을 화사하게 만들었네.
여기에 홍관조가 날아와 깃털을 식히며†
자신의 맵시를 능가하는 꽃에게 구애라도 할 법 하구나.
진달래꽃이여! 만일 현자들이 너에게
왜 이런 매력을 땅과 하늘에 허비하느냐 묻거든,
눈이 보도록 만들어진 것이라면
아름다움은 그 자체로 존재의 이유라고 일러라.
오, 장미의 경쟁자여! 왜 네가 그곳에 있는지를
나는 물어 볼 생각도 못했고, 알지도 못했구나.
하지만 나의 단순 무지함으로 상상하건대
나를 그곳에 오게 한 그 '힘' 이 너 또한 오게 했으리라.

---

* Ralph Waldo Emerson (1803–1882): "The Rhodora." 시 제목의 rhodora는 북미산 진달래꽃의 일종.

† "홍관조"(red-bird): 수컷의 깃털이 선홍색인 북미산 새.

독수리

알프레드 테니슨*

갈퀴손이 바위를 움켜쥐었다.
외로운 나라 태양 가까운 곳에서
쪽빛 세계에 둘러싸여 그가 서 있다.

주름진 바다가 그의 밑으로 기어온다.
산벼랑 꼭대기에서 노려보더니
벼락처럼 그가 내리꽂힌다.

---

* Alfred, Lord Tennyson (1809–1892): "The Eagle"

금 간 담벼락에 핀 꽃

알프레드 테니슨*

금 간 담벼락에 핀 꽃이여,
내 너를 그 틈바귀에서 따내어
뿌리째 온통 내 손 안에 담아 본다.
작은 꽃이여, 하지만 내가 뿌리째 전부
네가 누구인지 알 수만 있다면
나는 하느님과 인간이 누군지도 알 수 있으리.

---

* Alfred, Lord Tennyson (1809－1892): “Flower in the Crannied Wall”

루이지애나의 참나무

월트 휘트먼*

루이지애나에 한 그루 참나무가 자라는 것을 보았지.
홀로 서 있는 그 나무의 가지엔 이끼가 주렁주렁 매달려 있었네.
친구 하나 없이 즐겁게 검푸른 잎들을 수런거리며 자랐네.
그런데 그 거칠고 곧고 튼튼한 모습에 나는 자신을 돌아보았네.
하지만 나는 궁금했지, 어떻게 그것은 가까이 친구 하나 없는데
홀로 서서 즐겁게 검푸른 잎들을 수런거릴 수가 있는 것인지.
나 같으면 도저히 그럴 수 없었을 테니까.
그래서 나는 잎이 무성하게 달린 가지 하나를 꺾고
거기에 약간의 이끼도 감아서 가져와
나의 방 눈에 잘 띄는 곳에 놓아두었네.
나는 그것을 굳이 내 정다운 친구들을 생각하듯 할 필요는 없었지
(왜냐하면 요즘은 온통 그 친구들 생각뿐이니까).
하지만 그것은 내게 기묘한 징표가 되었으니,
나에게 사나이의 사랑을 일깨우네.
비록 이 참나무는 루이지애나의 그 광막한 평원에 홀로 서서
　　번쩍이며
가까이에 친구도 연인도 없이 평생을 즐겁게 잎들을 수런거리고
　　있지만,
나는 아주 잘 알지, 나는 도저히 그렇게 할 수 없다는 것을.

---

* Walt Whitman (1819–1892): "I Saw in Louisiana a Live-Oak Growing"

이름난 천문학자의 강연을 들었을 때

월트 휘트먼*

내가 이름난 천문학자의 강연을 들었을 때
증거와 수치들이 줄줄이 내 앞에 나열되고
도표와 도형들이 더해지고 나뉘고 측정되는 것을 보았을 때
강당에 앉아서 갈채를 받으며 강연하는 천문학자의 이야기를
　　들었을 때
나는 갑자기 알 수 없는 피로와 메스꺼움을 느껴
마침내 자리를 차고 밖으로 나와 혼자 서성이면서
신비롭고 촉촉한 밤공기 속에서 이따금씩
완벽한 침묵 속에서 별들을 올려다보았다.†

---

* Walt Whitman (1819－1892): "When I Heard the Learn' d Astronomer"
† 시인은 학문을 통해 얻는 과학적 지식과 가슴으로 느껴보고 체험하는 우주의 차이를 잘 표현하고 있다.

기적

월트 휘트먼*

아, 누가 기적을 안다고 하는가?
내게는 기적 밖에는 아는 게 없다.
맨해튼의 거리를 걷는 것도,
혹은 지붕 위로 시선을 던져 하늘을 바라보는 것도,
혹은 해변을 따라 물가를 맨발로 차며 걷는 것도,
혹은 숲속의 나무 아래에 서 보는 것도,
혹은 낮에는 사랑하는 사람과 이야기하고,
밤이면 함께 잠자리에 드는 것도,
혹은 남들과 식탁에 함께 앉는 것도,
혹은 차 안에서 마주앉은 낯선 사람들을 보는 것도,
혹은 여름날 오전 벌집을 맴도는 부지런한 꿀벌들을 보는 것도,
혹은 들에서 풀을 뜯는 동물들이나,
혹은 새들이나, 공중에서 나는 곤충들의 신비함이나,
혹은 일몰이나, 혹은 고요하고 찬란하게 빛나는 별들의 장관이나,
혹은 봄철 초승달의 절묘하고 섬세하고 가느다란 곡선,
이것들과 다른 것들 모두가 내게는 기적이다.
모든 것이 서로 관계있으면서도, 저마다 뚜렷하고 제 자리가 있다.

내게는 빛과 어둠의 모든 시간이 기적이며,
공간의 입방 인치 하나하나가 기적이며,
지구 표면의 평방 야드 하나하나가 기적으로 덮여 있으며,
지구의 내면 한 깊이 한 깊이가 기적으로 가득하다.

나에게 바다는 끝없는 기적이다.
헤엄치는 물고기들, 바위들, 파도들의 움직임,
사람들을 태운 배들,
이보다 더한 기적이 또 어디 있는가?†

* Walt Whitman (1819-1892): "Miracles"
† 순수한 눈으로 바라보는 세상은 온통 기적으로 가득하다. 사람들은 참으로 엉뚱한 곳에서 기적을 찾고 기적을 추구한다. 그들은 기적이 이미 그들과 함께 하고 있음을 보지 못하는 것이다.

인도에 내려온 새 한 마리

에밀리 디킨슨*

인도에 내려온 새 한 마리
내가 보는 줄도 모르고
지렁이 한 마리를 두 동강 내어
날것으로 먹어치웠다.

그러고는 가까운 풀에서
이슬 한 모금 마시더니
지나가는 풍뎅이에게
담벼락 쪽으로 총총 길을 비켜 주었다.

그는 재빠른 눈빛으로
사방 부산하게 힐끗거린다.
두 눈이 마치 깜짝 놀란 구슬 같은데
그가 혹단 머리를 부르르 털었다.

위험에 처한 사람처럼 조심스럽게
내가 그에게 빵 부스러기를 내밀자
그가 날개를 펼치고는
편안히 저어 오르는데

잔잔한 은빛 바다를 가르는 노보다도
아니, 정오의 둑 위로 날아올라
소리 없이 헤엄치는 나비들보다도
더 유연하였다.

---

* Emily Dickinson (1830–1886): J328 ("A Bird came down the Walk")

풀은 너무 할 일이 없어

에밀리 디킨슨*

풀은 너무 할 일이 없어
그냥 녹색의 세상이다
그저 나비들과 더불어 생각에 잠기고
벌들을 즐겁게 맞을 뿐이다.

그리고 온종일 산들바람에 실려 오는
고운 가락에 맞춰 몸을 흔들며
햇볕을 무릎에 가득 담고
아무 곳에나 절을 한다.

그리고 밤새 진주인 양 이슬을 꿰어
곱디곱게 자신을 단장하는데
그 모습에 비하면
공작부인도 초라하다.

그리고 풀은 죽을 때에도
신성한 향기 속에서 사라지니
잠자려고 누운 수수한 향료 같다,
아니, 사라지는 감송향 같다.

그리고 최상의 곳간에 머무르며
꿈결 같은 세월을 보내니
풀은 너무도 할 일이 없다.
나도 차라리 건초라면 좋겠다.

---

* Emily Dickinson (1830–1886): J333 ("The Grass so little has to do")

나는 헛되이 산 게 아니다

에밀리 디킨슨*

만일 내가 한 번이라도 마음의 슬픔을 달래줄 수 있다면
　나는 헛되이 산 게 아니다
만일 내가 한 번이라도 삶의 괴로움을 덜어줄 수 있다면
혹은 한 번이라도 고통을 달래줄 수 있다면

혹은 기절하는 한 마리 울새를 도와
다시 제 둥지 안으로 되돌려 놓아 줄 수 있다면
　나는 헛되이 산 게 아니다.

---

* Emily Dickinson (1830–1886): J372 ("If I can stop one heart from breaking")

'자연' 은

에밀리 디킨슨*

'자연' 은 우리가 눈으로 보는 것—
언덕, 오후,
다람쥐, 일식과 월식, 땅벌—
아니, 자연은 천국이다—
자연은 우리에게 들리는 것—
쌀먹이새,† 바다,
천둥, 귀뚜라미—
아니, 자연은 조화다—
자연은 우리가 알면서도 도무지
말로 표현할 재간이 없는 것—
자연의 순수함 앞에서
우리의 지혜는 너무도 무력하다.

---

* Emily Dickinson (1830–1886): J668 ("*Nature* is what we see")
† "쌀먹이새"(bobolink): 북미산 명금으로 철새임.

풀밭의 갸름한 친구

에밀리 디킨슨*

가끔 풀밭에선
한 갸름한 친구가 스쳐가지요.
당신도 그를 본 적이 있겠지요?
그는 갑자기 눈에 띄지요.

풀밭은 가리마처럼 갈라지고
얼룩진 막대기가 눈에 보입니다.
이어서 풀밭이 당신 발밑에서 닫히고
앞으로 계속해서 갈라집니다.

곡식이 자라기에는 너무 서늘한 곳,
습한 땅을 그는 좋아하지요.
그러나 맨발로 놀던 어린 시절
나는 대낮에 한 번도 넘게

햇볕에 축 늘어진 채찍을
지나쳤나 싶어
허리를 굽혀 손으로 집으려 했는데
그것은 몸을 풀더니 순식간에 사라졌지요.

나는 몇몇 자연의 친구들과
서로 아는 사이,
나는 그들에게

정중한 황홀감을 느끼지요.

그러나 이 친구만 만나면,
혼자든 누가 함께 있든—
나는 숨이 탁 멎고
뼛속까지 얼어붙지요.

---

* Emily Dickinson (1830–1886): J986 ("A Narrow Fellow in the Grass")

마지막 국화꽃

토머스 하디*

이 꽃은 왜 그리 오래 꾸물대다가
　그 떨리는 깃들을 보여주는가?
지금은 울새가 구슬피 노래하는
　꽃들도 무덤에 들어가 있는 계절.

느린 여름 내내 태양은
　양치류와 고사리에게 일일이
꽃을 위해 그가 해줄 일도 다 끝나간다고 외쳤는데
　왜 그는 꽃을 피우지 않았는가?

비록 크게 신경은 안 썼어도
　그는 분명 저 뜨거운 외침을 느꼈을 터인데.
이제 막상 깨고 보니, 잎들은 시체마냥 떨어지고
　수액이 모두 퇴각하고 있는 것을.

때늦은 아름다움은 쓸쓸한 것이니,
　제 계절의 빛도 소진되었고
이제 남은 것은 다만
　사나운 폭풍 속에 벌벌 떠는 일.

그처럼 섬세하고 화려한 꽃을 위해
　겨울도 그 세력을 멈출 거라는

지각없는 몽상을 하면서
　그는 꾸물거렸던 것일까?

—나는 마치 그가 마음을 움직이는
　감각을 가지고 태어난 것처럼 말하지만,
그러나 그는 뒤에 숨은 '거대한 얼굴' 이 쓰고 있는
　숱한 가면들 가운데 하나일 뿐이다.†

---

* Thomas Hardy (1840-1928): "The Last Chrysanthemum"

† 하디는 우주를 지배하는 거대한 힘이 우리 모두의 운명을 좌우하고 있으며 모든 생명체들은 그 힘이 결정하는 운명의 법칙에 따라 조종되고 있다는 운명론을 주장한다. 그런데 하디는 그 운명의 힘이 인간을 포함한 모든 생명체들에게 종종 너무 잔인하게 작용한다고 본다.

신의 장엄

제러드 맨리 홉킨스*

세상은 신의 장엄으로 충전되어 있다.
  그것은 흔들린 금박에서 쏟아지는 빛처럼 불꽃을 발하리라.
  그것은 짓눌린 기름이 스며나듯 모여서 커진다.
그런데 어찌하여 사람들은 신의 권능에 무심한가?
숱한 세대들이 짓밟고, 짓밟고, 짓밟아 왔구나.
  모든 것이 생업으로 시들고, 노역으로 흐려지고 더렵혀져
  인간의 때를 입고 인간의 냄새를 피우는구나.
대지는 이제 헐벗고, 발은 신에 싸여 느낄 수도 없구나.

하지만 이러함에도 자연은 결코 다함이 없어라.
  사물 깊은 곳에 가장 소중한 신선함이 살아있구나.
비록 마지막 빛들이 검은 서쪽으로 넘어갔어도
  오, 아침은 동쪽 갈색 언저리에서 솟아오르니
성령께서 구부러진 세상을 따뜻한 가슴으로
그리고 아! 찬란한 날개로 품고 계시기 때문이다.

* Gerard Manley Hopkins (1844-1889): “God' s Grandeur”

봄

제러드 맨리 홉킨스*

어찌 봄처럼 아름다운 것이 있으랴—
잡초들은 길게 사랑스럽게 무성하게 죽죽 뻗어 나오고
지빠귀 알들은 작고 낮은 하늘,† 나무를 울리는
지빠귀 노랫소리는 사정없이 귀를 헹구고 쥐어짜니
그의 노래를 듣노라면 번개를 맞은 듯하다.
유리처럼 반들거리는 배나무 잎들과 꽃들은 내리는 푸름에
몸을 부비고, 그 푸름이 순식간에 세상을 가득 채우며,
양들은 아름답게 깡충거리며 뛰어 달린다.

이 모든 감로甘露와 이 모든 환희는 무엇인가?
그것은 태초에 에덴동산의 감미롭던 생명의 노래
—그러니 주 그리스도여, 가지소서, 거두소서,
질리기 전에, 흐려지기 전에, 신맛을 내기 전에,
소년 소녀의 순수한 마음이며 오월의 날을.
오, 동정 마리아의 아기시여, 이것이 무엇보다도
당신의 선택이요 소망이셨나이다.

---

* Gerard Manley Hopkins (1844-1889): "Spring"
† 연푸른빛 바탕에 알록달록한 지빠귀의 알을 푸른 하늘에 구름이 두둥실 떠 있는 모습으로 그리고 있다.

황조롱이

우리 주 그리스도께

제러드 맨리 홉킨스*

나는 보았네, 오늘 아침 아침의 총아, 햇빛 왕국의 왕자,
  아롱진 새벽에 끌린 매 한 마리가
  제 밑으로 평평하게 굽이치는 잔잔한 대기를 타고
하늘 높이 활보하며, 잔잔히 물결치는 날개를 고삐로 삼아
황홀하게 돌고 있는 모습을! 빙 돌며 쭉쭉 날아가니
  마치 스케이트 뒷굽이 유연한 호弧를 그리는 듯하고,
  내닫고 활주하여 큰 바람을 되받아 쳤다. 숨어 있는 내 가슴은
한 마리 새 때문에 설레었나니,—자신의 성취요, 완성이구나!

야수적 아름다움과 용맹과 행동과, 오, 기품, 자랑, 위엄이 여기에
  하나가 되었다! 그리하여 그대로부터 쏟아지는 불은 천만 배나
더 아름답고 더 위험하여라. 오, 나의 기사여!

  놀라운 일이 아니다. 꾸준한 밭갈이는 이랑 속의 쟁기를
빛나게 하며, 푸르고 서늘한 등걸불은, 아 나의 임이시여,
  떨어지고 쓸리어 황금색 주홍빛을 발하는도다.

---

* Gerard Manley Hopkins (1844–1889): "The Windhover"

알록달록한 아름다움

제러드 맨리 홉킨스*

알록달록한 세상을 지으신 하느님께 영광—
  얼룩무늬 암소 같은 이중 색깔의 하늘,
  헤엄치는 송어의 빼곡한 장미 반점들,
탄불처럼 붉게 떨어진 밤송이며, 되새의 날개,
  구획되고 나뉜 풍경—목초지와 휴경지와 경작지들,
  그리고 온갖 생업들, 그 삭구와 밧줄과 장비들.

만물은 모두 상이하고, 독특하고, 희귀하고, 희한하여라.
  무엇이든 변덕스럽고, 알록달록하구나. (누가 그 섭리를 알리오?)
  빠르고 느리며, 달고 시며, 밝고 어둡구나.
이것은 변화를 넘어 계신 그분이 아버지시니,
그분을 찬미하여라.

* Gerard Manley Hopkins (1844–1889): "Pied Beauty"

빈지의 미루나무들

1879년 쓰러지다

제러드 맨리 홉킨스*

내 사랑하는 미루나무들, 그 공중의 우리들이
뛰어오르는 해를 잎 속에 가두고 억눌렀는데
모두 베어지고 말았구나. 모두 베어졌구나.
싱그럽게 겹겹이 열 지어 서 있었는데
하나도 남지 않았구나. 완전히 사라져 버렸구나.
목장과 개천에서
바람 헤적이고 잡초 구비치는
둑 위에서 부침하던
샌들 신은 그림자를 희롱하곤 했었는데.

우리가 파거나 베어낼 때,
자라는 초목을 난도질하고 고문할 때
아, 우리가 무슨 짓을 하는지 알 수만 있다면!
시골은 손대기에는 너무나 여리고
그 존재는 그리도 가냘파서
이 반짝이는 눈동자처럼
한 번만 찔려도 눈이 먼다.
우리가, 우리가 시골을 손보려 하는 곳에서
우리가 베거나 파헤칠 때
우리는 그를 끝장내 버린다.
후세는 지난날의 아름다움을 상상조차 할 수 없다.
열 번이나 열두 번, 간단히 열 번이나 열두 번

도끼로 내려치면
그 아름답고 특별한 경치
전원의 경치, 전원적인 경치는
아름답고 특별한 전원의 경치는
영원히 사라진다.

---

* Gerard Manley Hopkins (1844–1889): “Binsey Poplars”

리블스데일

제러드 맨리 홉킨스*

대지여, 아름다운 대지여, 무성한 잎과 낮게 숙인 풀,
호소하는 하늘이 있고, 간청하는 혀는 없는,
느끼는 가슴은 없는 아름다운 풍경이여.
다만 존재하면서, 그 오랜 세월 행하고 있구나—

너는 다만 존재하지만, 훌륭히 행하고 있구나.
너의 사랑스러운 계곡을 강타한, 아니 지금도 강타하는,
그리하여 너의 강물을 비틀거리게 하고, 모조리 고문하고
욕보이는 그에게 강력히 탄원하는구나.

그런데 다름 아닌 소중하고 완고한 인간을 통하여
대지는 보고 말하고 느끼는 것이 아닌가?—아, 저만의
이기심에 매인, 자신의 욕망에 묶여 있는 이 상속자는

우리의 풍요로운 둥근 세상을 남김없이 약탈하고
아무도 앞날을 돌보지 않으니, 이 때문에 대지는
그렇게 근심어린, 근심과 깊은 걱정의 이맛살을 짓는다.†

---

* Gerard Manley Hopkins (1844-1889): "Ribblesdale." 시의 제목이 된 '리블스데일'은 영국 요크셔 지방의 리블(Ribble) 강을 끼고 있는 아름다운 계곡으로 시인이 인근의 스토니허스트 대학(Stonyhurst College)에서 가르치는 동안 산업 개발로 황폐화되기 시작했고 마침내 연어가 알을 낳을 수 없을 정도로 심각하게 오염되었다고 한다.

† 시인은 이 시에서 자연이 지키고 보전해야 할 존재이지 인간의 경제적 욕구를 위한 개발의 대상이 아님을 역설한다.

인버스네이드

제러드 맨리 홉킨스*

어스름에 싸인, 말 등 같은 갈색 시냇물
돌을 굴리며 포효하듯 흐르는 그 물살
들거니 나거니 구비치는 물거품 떼가
긴 홈통처럼 나직이 소沼로 떨어지네.

바람에 부푼 쓰개 같은 아기사슴 색 거품 하나
무섭게 상 찡그린 시커먼 국물 되어
소에 떠서 빙빙 돌다가 작아지더니
'절망'을 휘감아 익사시킨다.

시냇물이 밟고 지나가는 둑 언저리며
치렁치렁 뒤엉킨 히스 덤불, 포기를 이룬 양치류,
시냇물에 발을 담근 영롱한 물푸레나무엔
이슬방울이 촘촘하다, 이슬방울로 알록달록하다.

습지와 야생이 사라진다면
세상은 어찌 될 것인가? 그대로 둘지어다.
아 그들을 그대로 두어라, 습지와 야생을.
잡초여 광야여, 영원하라.

---

* Gerard Manley Hopkins (1844-1889): "Inversnaid." 제목의 인버스네이드는 스코틀랜드의 로크 로먼드(Loch Lomond)로 흘러가는 강물이 만드는 폭포가 있는 마을.

벚나무

A. E. 하우스먼*

나무 중 가장 아리따운 벚나무들이
지금 가지마다 주렁주렁 꽃을 달고
부활 기간 동안 하얀 옷을 입고서
숲길을 따라 줄지어 서 있다.

이제 내 인생 칠십 가운데
스무 해는 다시 오지 않으리니
칠십 번의 봄에서 스물을 빼면
내겐 겨우 오십 번의 봄이 남았구나.†

하여 피어 있는 것들을 보기에는
오십 번의 봄도 충분하지 않아
눈처럼 매달린 벚꽃을 보려고
나는 숲길로 가련다.‡

---

* A. E. Housman (1859-1936): "Loveliest of Trees"

† "저희의 햇수는 칠십 년, 근력이 좋으면 팔십 년. 그 가운데 자랑거리라 해도 고생과 고통이며 어느새 지나쳐 버리니, 저희는 나는 듯 사라집니다"(시편 90,10).

‡ 화려하게 피었다가 한 순간에 사라지는 벚꽃처럼 우리의 인생도 덧없이 순식간에 가버린다. 하여 순간순간이 더없이 소중하며 헛되이 보낼 수 없는 것이다. 지금 당장 벚꽃을 보지 않으면 다시는 볼 수 없을지도 모른다. 오늘을 잡아라(카르페 디엠 *Carpe Diem*). 내일이면 이미 늦다.

웬록 엣지에서

A. E. 하우스먼*

웬록 엣지의 숲들이 신음한다.
레킨 숲이 양모처럼 일렁거리고[†]
강풍은 어린 나무의 허리를 휘어 놓고
세번 강 위로는 나뭇잎이 눈처럼 자욱이 쏟아진다.[‡]

유리콘 시가 서있던 그 당시에도[§]
강풍은 이처럼 잡목과 숲속을 휘몰아쳤다.
그것은 옛 분노의 옛 바람이지만
그때 그것은 다른 숲을 휘몰아치고 있었다.

그때는 나를 앞서 로마인이
저 헐떡이는 언덕을 바라보고 있었다.
한 영국 자유인을 뜨겁게 하던 피가,
그를 아프게 하는 생각들이, 거기에도 있었지.

저기, 숲속에 부는 요란한 바람처럼
그에게도 인생의 강풍이 사나웠다.
인간이란 나무가 언제 조용했던가.
그때는 로마인이더니, 지금은 나로구나.

강풍은 어린 나무들을 휘어 놓고
이처럼 거세게 불어대지만, 곧 사라지리라.

오늘 그 로마인과 그의 고통은
유리콘 아래 재가 되었구나.**

* A. E. Housman (1859-1936): "On Wenlock Edge." 제목의 '웬록 엣지'는 영국 슈롭셔(Shropshire) 지방에 있는 산맥의 이름.
† "레킨"(the Wrekin): 슈롭셔의 높은 산 이름.
‡ "세번"(Severn): 영국의 강 이름.
§ "유리콘 시"(Uricon): 로마의 점령 시기에 건설된 도시 유리코니움(Uriconium)을 가리킴. 오늘날 슈롭셔의 록세터(Wroxeter)에 해당됨.
** 시인은 강풍에 시달리는 자연의 모습을 인간의 실존적 시련에 비유하고 그것이 예나 지금이나 달라진 게 없다고 말하고 있다.

III

20세기와 오늘의 자연시

이니스프리 호도湖島

W. B. 예이츠*

나는 이제 일어나 가련다, 이니스프리로 가련다.†
그곳에서 진흙과 욋가지로 엮은 작은 오두막 짓고
아홉 이랑 밭을 갈고 꿀벌을 치면서
벌 소리 윙윙대는 골짜기에서 혼자 살련다.

그러면 거기엔 평화가 있겠지, 평화는 천천히 방울져
아침 장막에서 귀뚜라미 노래하는 곳까지 내리니까.
거기엔 한밤이 미광으로 환하고, 정오는 작열하는 보랏빛,
그리고 저녁엔 홍방울새 날개 소리 가득하겠지.

나는 이제 일어나 가련다, 밤이나 낮이나
내 귀에는 항상 찰랑대는 호변 물소리 나지막이 들리나니,
도로에서나 아니면 포장된 잿빛 인도에서나
내 가슴 깊은 곳에서 그 소리 들리나니.

---

* William Butler Yeats (1865–1939): "The Lake Isle of Innisfree"
† "이니스프리"(Innisfree)는 아일랜드의 슬라이고(Sligo)에 있는 라프 길(Lough Gill) 호수의 아주 작은 섬. 여기서 그곳은 시인이 현실을 떠나 도피하고 싶은 낭만적 이상향으로 그려지고 있다.

쿨 호의 야생 백조들

W. B. 예이츠*

나무들은 저마다 곱게 단장을 했고
숲속 길들은 메말랐구나.
시월의 해는 지는데
물은 고요한 하늘을 비추고,
돌과 돌 사이 넘치는 물 위로
아흔아홉 마리 백조들.

처음 그 수를 헤아린 이후
열아홉 번째 가을이 되었다.
다 헤아리기도 전에 갑작스레
요란하게 날개를 치며
모두 내 눈앞에서 날아올라
끊어진 거대한 원을 이루며 선회하다 흩어졌다.

저 눈부신 새들을 보고 있노라니
이제는 내 가슴이 아려온다.
모든 것이 변했구나,
해질녘 이 호숫가에서 처음
머리 위로 요란하게 날개 소리 들었고
더 가뿐하게 발걸음을 딛던 이후로.

* William Butler Yeats (1865–1939): "The Wild Swans at Coole." 제목의 '쿨' 호는 시인의 절친한 지인이었던 그레고리 부인(Lady Gregory)의 장원에 있던 호수를 가리킨다.

여전히 지치지 않고 사랑하는 것들끼리 짝지어
차갑고 정겨운 개울에서 헤엄치거나
공중을 날아오른다.
그들의 가슴은 늙지 않았구나.
어디를 가든 열정이나 패기가
늘 그들과 함께하는구나.[†]

그러나 지금 그들이 고요한 물 위를 떠다니니
신비롭고 아름다워라.
내 어느 날 잠에서 깨어
그들이 날아가 버린 것을 알았을 때*
그들은 어느 호숫가나 웅덩이에서,
어느 골풀 가운데 집을 짓고
사람들의 눈을 즐겁게 할 것인가?

---

† 시인은 해마다 변함없는 아름다움으로 호수를 찾아오는 백조들을 불멸의 원형으로 상상해보면서 늙어가는 자신의 인생과 그 덧없음을 명상하고 있다.
* 시인은 자신이 죽은 후에도 백조들은 여전히 살아서 어디선가 보는 사람들을 기쁘게 해 줄 것이라고 상상한다.

비잔티움 항해

W. B. 예이츠*

1

저곳은 늙은이들을 위한 나라가 아니다.
서로 껴안은 젊은이들, 나무에서 지저귀는
새들—저 대대로 죽어가는 세대들—
연어 오르는 폭포들, 고등어 떼 우글거리는 바다,
물고기나 짐승이나 새들이 여름 내내
잉태되어 태어나고 죽는 것들을 노래한다.
모두가 저 관능의 음악에 취하여
불후한 지성의 기념비들을 소홀히 하는구나.

2

사람이란 늙으면 보잘 것이 없는 법.
영혼이 손뼉치고 노래하지 않으면,
육신의 옷을 입은 누더기를 대신하여 더 크게
노래하지 않으면, 막대기에 걸린 넝마에 불과하다.
그러나 영혼의 장엄한 기념비들을 공부할 뿐
노래하는 학교는 없구나.
그리하여 내가 바다를 항해하여

---

* William Butler Yeats (1865-1939): "Sailing to Byzantium"

† 시에서 "비잔티움"(Byzantium)은 생성 변화하는 자연세계와는 대조적으로 예술이 대변하는 영원성을 구현하는 세계로 상징되고 있다. 노경에 처한 시인 예이츠는 육신의 노화와 더불어 소멸하는 관능적 욕망의 세계, 곧 자연의 세계를 벗어나 예술이 상징하는 영원의 세계에 들고 싶다고 말한다.

성도聖都 비잔티움에 왔노라.[†]

3

오, 벽에 그려진 황금 모자이크처럼
신의 성화聖火 속에 서 있는 성현들이시여,
그 성화 속에서 나와 선회강림旋回降臨 하시어
내 영혼의 노래하는 스승이 되시라.
내 가슴을 태워 없애시라. 욕망에 병들고
죽어가는 동물에 매여 있어
그것은 제 분수를 모르나니, 나를 거두시어
영원의 예술 속에 들게 하시라.

4

한번 자연에서 벗어나면 나는 결코 다시는
자연에서 육신의 형상을 취하지 않으리라.
그리스의 금 세공인들이
졸린 황제를 깨어 있게 하려고
두드린 황금과 황금 법랑을 입혀 만든,
아니 비잔티움의 남녀 귀족들에게
과거와 현재와 미래를 노래하도록
황금가지에 올린 그런 형상을 취하리라.

목장

로버트 프로스트*

목장에 샘 치우러 간다네.
잠시 들러 잎이나 긁어낼 거야.
(물이 맑아지는 것을 지켜볼지도 몰라)
오래 걸리진 않을 거야.—너도 오렴.

어린 송아지 데리러 간다네.
어미 곁에 서 있는 녀석은 너무 어려서
어미가 핥기만 해도 비틀거리지.
오래 걸리진 않을 거야.—너도 오렴.

---

* Robert Frost (1874-1963): "The Pasture"

봄철의 못

로버트 프로스트*

숲속에 있어도 이 못들은 거의 흠도 없이
온전한 하늘을 고요히 반영하며
주변의 꽃들처럼 오들오들 떨고 있지만
주변의 꽃들처럼 머지않아 사라지겠지만
개울이나 강으로 빠지지 않고
뿌리를 타고 올라가 푸른 잎들을 피우리라.

나무는 푸른 자연과 여름 숲을 만드는 힘을
꼭 다문 새싹 안에 감추고 있다—
눈은 겨우 어제 녹았는데
이 꽃 같은 물을, 이 물 같은 꽃을
지우고 마시고 쓸어 없애려는 이가 있다면
힘을 쓰기 전에 다시 한 번 생각하라!†

---

* Robert Frost (1874-1963): "Spring Pools"

† 세상에는 생명을 키워내는 위대한 힘이 있고, 반대로 그것을 쓸어 없애는 무서운 힘이 있다. 경제적 이익을 명분으로 희생되는 자연 앞에 시인의 마음이 무겁다.

사과를 따고나서

로버트 프로스트*

두 끝이 뾰족한 나의 긴 사다리가
나무 사이 고요한 하늘을 향해 서 있고
그 옆엔 아직 다 채우지 못한 바구니가 있다.
나뭇가지 어디엔가
내가 따지 못한 사과 두서넛은 있으리라.†
하지만 이제 사과 따기는 끝났다.
겨울잠의 정수는 밤에 가득하다.
사과 향기—졸음이 밀려든다.
오늘 아침 물통에서 건진 유리 같은 얼음을 통해
허옇게 서리 맞은 풀밭을 보았을 때 받았던
그 기이한 느낌을 지울 수가 없다.
얼음이 녹자, 그것을 떨어뜨려 깨버렸다.
하지만 그것이 채 떨어지기도 전에
나는 잠에 빠져들고 있었다.
그런데 나는 알 것 같았다
내가 어떤 꿈을 꾸게 될지를.
확대된 사과들이 나타났다 사라지며
줄기 끝과 꽃자리,
그리고 적갈색 반점들이 모두 또렷이 보인다.
나의 발등은 사다리의 압력으로

---

* Robert Frost (1874-1963): "After Apple-Picking"
† 인생을 성실하게 살았어도 언제나 미진한 구석이 있음을 비유적으로 표현하고 있다.

여전히 뻐근하다.
가지들이 휘어지고 사다리가 흔들리는 느낌도 있다.
그리고 지하 창고에선
사과들이 요란하게 굴러드는 소리가
연신 들려온다.
아무래도 너무 많은 사과 따기를 했나 보다.
나 자신이 소망했던 큰 수확으로
온몸이 노곤하다.
손으로 만지고, 쓰다듬고, 따내면서
떨어뜨리지 않은 사과가 수천 개는 됐겠다.
땅에 떨어진 것들은
흠이 없어도, 그루터기를 찍지 않았어도
모두 쓸모없는 것으로
곧장 주스용 더미로 직행했다.
어떤 잠이 되든지, 무엇이 나의 잠을
설치게 할지 알 수 있겠다.
마멋이 아직 가지 않았다면
녀석은 말해 줄 것도 같다
나의 밀려오는 이 잠이 녀석의 긴 잠과 같을지
아니면 오롯이 인간의 잠인지를.*

---

* "마멋"(woodchuck)은 북미 초원지역에 서식하며 겨울잠을 자는 설치류의 동물이다. 시인은 주변에서 흔히 보는 마멋의 겨울잠이 의식 없는 동물의 잠인데 반해 인간의 잠은 노동의 대가로 주어지는 보상적 휴식과 같은 것이라고 생각한다.

사과철의 암소

로버트 프로스트*

최근 들어 무슨 일인지 하나뿐인 암소가
열린 문과 담장도 구별하지 못하고
벽 쌓는 인부들을 바보 취급한다.
얼굴은 사과즙 찌꺼기로 너저분하고, 입에선
사과즙이 줄줄 흐른다. 과일 맛을 보더니
뿌리까지 시드는 풀밭은 쳐다보지도 않는다.
그녀는 그루터기에 찍히고 벌레 먹은 낙과들이
떨어진 채 익어가는 과수들 사이를 뛰어다닌다.
달아나야 할 땐 깨문 것도 버려두고 가버린다.
그녀가 하늘을 등진 언덕에 올라 큰 소리로 운다.
젖통이 오그라들고 젖도 말라 간다.†

---

* Robert Frost (1874–1963): "The Cow in Apple Time"

† 풀을 마다하고 달착지근한 사과를 밝히는 늙은 암소의 모습이 왠지 서글프게 느껴진다. 시에서 암소를 노년에 처한 사람을 암시하는 은유로 읽어 보면 어떨까.

창가의 나무

로버트 프로스트*

내 창가의 나무, 창窓 나무여
밤이 되면 창틀을 내려놓지만
너와 나 사이에
커튼은 치지 말자.

땅에서 쳐들린 애매하고 꿈 많은 머리,
구름 다음으로 가장 산만한 것,
큰 소리로 떠드는 너의 모든 가벼운 말들이
모두 심오한 것은 아니리라.

그러나 나무여, 나는 네가 동요하는 것을 보았다.
만일 네가 잠자는 내 모습을 보았더라면
나 또한 휩쓸리며 거의 죽을 지경이었음을
너는 보았으리라.

운명의 여신이 상상을 발휘하여
우리의 머리를 한데 모았던 그 날
너의 머리는 외부의 날씨에 시달리고 있었고
나의 머리는 내부의 날씨에 시달리고 있었다.†

---

* Robert Frost (1874–1963): "Tree at My Window"
† 시인은 모든 존재는 존재함으로써 시련을 겪는다고 말한다. 자연이 외기에 시달리는 만큼 인간도 내면의 고뇌에 시달리는 존재이다.

눈 내리는 저녁 숲가에 서서

로버트 프로스트*

이것이 누구네 숲인지 알 것 같다.
하지만 그의 집은 마을에 있겠지.
내 여기 멈추어 눈에 덮이는 자기네 숲을
지켜보는 것을 그가 알 리 없겠지.

연중 가장 어두운 저녁에
숲과 얼어붙은 호수 사이
가까이 농가 한 채 없는 곳에 멈추어 서니
나의 작은 말에겐들 어찌 아니 이상하랴.

말은 방울을 한 번 흔들며
뭔가 잘못된 게 있느냐고 묻는다.
그밖에 들리는 소리는
잔잔한 바람과 솜 같은 눈발 스치는 소리.

숲은 아름답고, 어둡고, 깊숙하다.
그러나 나는 지켜야 할 약속이 있어서
잠들기 전에 가야할 길이 멀다,
잠들기 전에 가야할 길이 멀다.†

---

* Robert Frost (1874–1963): "Stopping by Woods on a Snowy Evening"
† 자연의 아름다움은 종종 사람들에게 힘겨운 현실에서 도피하고 싶은 욕망을 일으키기도 한다. 그러나 그러한 자연의 세계는 시인에게 어두운 미지의 곳이기에 다시 인간의 세계로 발을 돌리게 한다.

그리운 바다

존 메이스필드*

나는 다시 바다로 가야지, 그 외로운 바다와 하늘에게로.
하여 내가 원하는 것은 키 높은 배 한 척과 인도하는 별,
그리고 타륜의 반동과 바람의 노래와 흰 돛의 진동,
그리고 바다 위의 잿빛 안개와 동트는 잿빛 새벽.

나는 다시 바다로 가야지, 흐르는 파도가 부르는 소리는
또렷하게 들리는 거부할 수 없는 야생의 부름.
하여 내가 원하는 것은 바람에 흰 구름 날리는 낮,
그리고 튀는 물보라와 날리는 물거품과 갈매기 울음소리.

나는 다시 바다로 가야지, 방랑하는 집시의 삶으로,
바람이 칼처럼 예리한 갈매기의 길로, 고래의 길로.
하여 내가 원하는 것은 호탕한 동료 방랑자의 모험담,
그리고 긴 당번 시간이 끝난 후의 고요한 잠과 달콤한 꿈.

* John Masefield (1878–1967): "Sea-Fever"

안개

칼 샌드버그*

안개가 걸어온다
고양이의 작은 발로.

그는 말없이 쪼그리고 앉아
항구와 도시를
바라보다가
또 다시 간다.†

---

* Carl Sandburg (1878-1967): "Fog"

† 안개의 소리 없는 움직임은 마치 조용히 나타났다 사라지곤 하는 고양이의 동작을 닮았다.

풀

칼 샌드버그*

아우스터리츠와 워털루에 시체들을 높이 쌓아라.†
그들을 땅속에 묻어라, 내가 일을 하련다—
　　나는 풀이다, 나는 모든 것을 덮는다.

그리고 게티즈버그에도 시체들을 높이 쌓아라.‡
그리고 이프르와 베르됭에도 시체들을 높이 쌓아라.§
그들을 땅속에 묻어라, 내가 일을 하련다.
이 년이 지나고, 십 년이 지나고, 승객들은 차장에게 묻는다—
　　이곳이 어떤 곳이지요?
　　지금 우리는 어디 있지요?

　　나는 풀이다.
　　내가 일을 하련다.

---

* Carl Sandburg (1878-1967): "Grass"
† "아우스터리츠"(Austerlitz)와 "워털루"(Waterloo)는 나폴레옹 1세 당시의 격전지로 수많은 인명이 희생된 곳이다.
‡ "게티즈버그"(Gettysburg): 미국 남북전쟁 당시의 최대 격전지.
§ "이프르"(Ypres)와 "베르됭"(Verdun)은 1차 대전 당시의 격전지로 역시 수많은 인명이 희생된 곳이다.

눈사람

윌리스 스티븐스*

서리와 눈으로 얼어붙은
소나무 가지들을 보려면
우리는 겨울의 마음을 가져야 한다.

그리고 보풀처럼 얼음을 뒤집어쓴 노간주나무들과
정월달 태양의 먼 광채 속에 까칠한
가문비나무들을 바라보려면

오랫동안 추웠어야 한다.
바람소리에서, 몇 개 남은 이파리들의 소리에서
어떤 불행도 생각하면 안 된다.†

눈밭에서 듣고 있는,
그리고 자신도 무無가 되어, 그곳에 없는 무와
그리고 존재하는 그 무를 바라보는 이에게

그것은 그 빈 들판에 부는 것과
같은 바람으로 가득한
대지의 소리이다.

---

* Wallace Stevens (1879–1955): "The Snow Man"
† 잠시도 쉴 줄 모르는 마음을 가라앉히고 사물을 있는 그대로 바라보라. 마음이 온갖 상상으로 대상을 왜곡시키기를 그치면 사물은 보고 있는 이에게 있는 그대로의 자신을 보여준다. 우리는 얼마나 자주 마음의 움직임에 따라 세상을 보고 그 본상(本相)을 왜곡시키는가.

단지의 일화

월리스 스티븐스*

나는 테네시에 단지 하나를 놓았다.
둥그런 단지를 언덕 위에.
단지는 허술한 광야가
그 언덕을 둘러싸게 했다.

광야는 언덕까지 솟아올랐고
사방으로 퍼졌고, 광야이기를 그쳤다.
단지는 땅 위에서 둥그렇고
우뚝했고 풍채가 당당했다.

그것은 사방을 지배했다.
잿빛의 밋밋한 단지였다.
그것은 테네시의 어떤 것과도 달리
새나 덤불과 상관이 없었다.†

---

* Wallace Stevens (1879-1955): "Anecdote of the Jar"

† "광야"는 있는 그대로의 자연이요 "단지"는 분명 사람이 만든 문명의 산물일 터이다. 난해하기 짝이 없는 이 짧은 시에서 자연과 예술 간의 긴장 관계를 생각해보면 어떨까.

빨간 외발 손수레

W. C. 윌리엄스*

그처럼 많은 것이
달려 있다

하얀
병아리 떼 옆

빗물로
반짝거리는

빨간
외발 손수레에.

* William Carlos Williams (1883-1963): "The Red Wheelbarrow"

읽어 봐

W. C. 윌리엄스*

냉장고에 있던
그 자두는
내가
먹었어

그건 아마 네가
아침식사 때
먹으려고
아껴둔 것이었겠지

미안해
자두가 맛있더라
너무나 달콤하고
너무나 시원했어†

* William Carlos Williams (1883-1963): "This Is Just to Say"
† 냉장고 문짝에 붙은 쪽지에서 이런 글을 보았다면 울어야 할까 웃어야 할까.

시

W. C. 윌리엄스*

고양이 한 마리
잼 찬장 위로
기어오르더니

오른쪽 앞발을
조심스럽게
먼저 내딛고

이어서
뒷다리를
내려놓다가

비어 있는
화분 속에
빠져 버렸다.†

* William Carlos Williams (1883-1963): "Poem"
† 우리의 주변을 관찰해 보면 크고 작은 재미있는 혹은 슬프거나 안타까운 일들이 많다. 그 어떤 것도 시의 소재가 되기에 충분하다.

모기는 안다

D. H. 로렌스*

모기는 너무도 잘 알고 있다
비록 몸집은 작아도
자신이 맹수라는 사실을.
그렇지만 그는
자신의 배만 가득 차면 그만이다.
그는 내 피를 은행에 넣어두지 않는다!†

---

* D. H. Lawrence (1885-1930): "The Mosquito Knows"
† 인간은 종종 그 물욕으로 인해 하찮은 모기만도 못한 존재가 되곤 한다.

대머리 독수리

로빈슨 제퍼스*

새벽 산책을 마치고 휴식을 취하려고 바다가 내려다보이는
  헐벗은 산등성이에 드러누웠다.
반쯤 감은 눈에 하늘 높이 맴도는 독수리 모습이 들어왔다.
이내 다시 지나가더니, 더 낮게 더 가깝게 궤도를 좁혀왔고,
그때 나는 알았다. 그가 나를 살피고 있음을.
죽은 듯 꼼짝 않고 누워있으니 그의 날개가
바람을 치며 요란하게 내 위를 스쳐갔고 한 바퀴 돌면서
  더 가까이 접근하는 소리가 들려왔다.
나는 보았다, 거대한 날개 사이로 붉은 대머리가 아래를
  노려보고 있는 것을.
내가 말했다—"새여, 우리는 여기서 시간을 낭비하고
  있는 걸세. 이 늙은 뼈다귀들은 아직 살아있어. 그건 자네의
  밥이 아니야" 하고.
그러나 그 거대한 돛을 펴고 유연하게 하강하는 모습은 얼마
  나 아름답던가.
바다 빛에 싸여 벼랑을 날아오르며 날아가는 모습은 얼마나
  아름답던가.
내 그대에게 엄숙하게 말하노니, 내가 그를 실망시킨 것이
  유감이었어.
그의 부리에 먹혀 그의 일부가 되어 그의 날개와 눈을 공유
  할 수 있다면—
이 얼마나 숭고한 육신의 종말인가, 얼마나 멋진 하늘의

식구가 되는 일인가,
얼마나 멋진 죽음 뒤의 삶인가![†]

---

* Robinson Jeffers (1887-1962): "Vulture"
† 죽음을 통하여 자연의 일부가 된다는 사실이 그렇게 행복한 일일까? 만일 그렇다면 차라리 독수리의 밥이 되어 창공을 누비는 호사를 누리고 싶다고 시인은 말한다.

산불

로빈슨 제퍼스*

파도처럼 포효하는 산불 앞 연기 속에서
사슴들이 날리는 낙엽처럼 펄펄 뛰고 있었다.
나는 불길에 사로잡힌 더 작은 생명들이 생각났다.
아름다움이 꼭 사랑스럽지는 않다. 불은 아름다웠고
사슴의 공포도 아름다웠다. 그리고 불이 지나간 뒤에
까맣게 변한 능선을 따라 돌아와 보니 독수리 한 마리
오만하게 배부른 모습으로, 어깨의 접은 폭풍을 망토처럼 걸치고
타버린 앙상한 소나무 가지에 앉았다.
그는 불이 몰이꾼처럼 사냥감을 몰아주는
유쾌한 사냥을 위해 먼 길을 날아온 터였다. 하늘은 무자비하게
푸르렀고, 산들도 무자비하게 까맣게 타버렸고
칙칙한 깃털의 이 큰 새는 그 사이에서 졸린 채 무자비했다.
나는 고통스럽게, 그러나 온 마음으로 생각했다
하늘에서 독수리를 부르는 파괴는 자비보다 나은 것이라고.†

---

* Robinson Jeffers (1887-1962): "Fire on the Hills"

† 잡아먹고 먹히는 자연계의 질서는 인간의 눈에는 냉혹하게 보인다. 그러나 자연의 질서에는 "자비"나 "무자비" 같은 기준은 없으며 문자 그대로 자연스러움이 지배하고 있을 따름이다. 그래서 시인은 "하늘에서 독수리를 부르는 파괴는 자비보다 나은 것"이라고 말한다.

새와 물고기

로빈슨 제퍼스*

시월마다 수백만 마리의 작은 물고기들이 해변을 따라
대륙의 이 화강암 가장자리로 몰려온다.†
그들의 합법적인 의식을 위해. 그러나 바닷새들에겐 신나는
  축제 판이다.
날개들이 펼치는 악마의 연회가 검은 물을 가린다.
육중한 펠리컨들은 욥의 친구의 군마처럼 "히힝!" 하고 소리
  치며
고공에서 뛰어들고,‡ 가마우지들은 민첩하게
그 길고 검은 몸을 물속으로 꽂으며 녹색의 어스름 속에서
늑대처럼 사냥한다. 갈매기들은 비명을 지르며 지켜보다
질투와 적의로 날뛰며 저주를 퍼붓고 낚아챈다. 엄청난 탐욕
  의 히스테리!
엄청난 배통 채우기다! 무리의
히스테리는 가히 인간적이다—이 점잖은 새들이!— 마치 길
  바닥에서
황금을 줍는 것 같다. 황금보다 더 낫다,
먹을 수 있으니까. 그런데 이 광란하는 바닷새 중 단 하나라
  도 물고기를 불쌍히 여길까?
결코 그럴 리 없다. 정의와 자비는
인간의 꿈이다. 그것은 새와도 물고기와도 영원한 하느님과
  도 무관하다.
하지만—가기 전에 다시 보라.

날개들과 사나운 굶주림들, 파도에 씻기는 바위들,
두려움 속에 살고 고통 속에 죽어가는
반짝이는 재빠른 피라미들—인간의 운명과 그들의 운명—그리고 섬의 바위들과 저편의 망망대해, 그리고 만 위에서 어두워지고 있는 로보스 곶.[§] 그들이 아름다운가?
그것이 그들의 속성이다. 자비도, 마음도, 선善도 아니고, 신의 아름다움이다.

---

* Robinson Jeffers (1887-1962): "Birds and Fishes"

† "태평양의 이 화강암 가장자리"(this granite edge of the continent): 물고기들이 따라서 회유하는 미국 서부의 태평양 연안을 일컬음.

‡ 구약성서 욥기(39,19-25)에서 하느님은 말의 힘에 대해 "흥분과 광포로 땅을 집어삼킬 듯 뿔 나팔 소리에도 멈추어 서지 않는다. 뿔 나팔이 울릴 때마다 '히힝!' 하고 외치며 멀리서도 전투의 냄새를 맡고 장수들의 우레 같은 고함과 함성을 듣는다"고 묘사한다.

§ "로보스 곶"(Lobos): 캘리포니아의 태평양 쪽으로 난 곶.

사월의 비 노래

랭스턴 휴즈*

비가 당신에게 입 맞추게 해요
비가 은빛 물방울로 당신의 머리를 때리게 해요
비가 당신에게 자장가를 불러주게 해요.
비는 인도에 고요한 물웅덩이를 만들지요
비는 도랑에 흐르는 웅덩이들을 만들지요
비는 밤에 우리 지붕에서 작은 자장가를 연주하지요.
그래서 나는 비를 사랑하지요.†

---

* Langston Hughes (1902–1967): "April Rain Song"

† 아파트가 현대인의 주된 주거양식이 되면서 우리는 자연의 소리에서 멀어지고 있다. 봄 손님처럼 찾아와 처마를 때리는 빗방울 소리, 부부젤라(vuvuzela)의 소음을 초라하게 만들어 버리는 개구리 울음소리, 풀밭에서 밤새도록 들려오는 귀뚜라미의 노랫소리에서 우리는 점점 멀어져 가고 있는 것은 아닐까?

흑인이 강들을 말한다

랭스턴 휴즈*

나는 강들을 알았네.
나는 세상처럼 오래된, 그리고 사람의 혈관을 흐르는 사람의
　피의 흐름보다 더 오래된 강들을 알았다네.

내 영혼은 강들처럼 깊어졌지.

나는 새벽이 젊던 시절 유프라테스 강에서 멱 감았지.
나는 콩고 강 가까이에 오두막을 지었고 강은 자장가를 불러
　나를 잠들게 했지.
나는 나일 강을 보았고 그 위로 피라미드를 올렸지.
에이브 링컨이 뉴올리언스에 내려갔을 때 나는 미시시피 강
　의 노랫소리를 들었고, 나는 그 진흙탕 강바닥이 햇빛을
　받아 온통 금빛으로 변하는 것을 보았지.

나는 강들을 알았지.
고대의, 어스름한 강들을.

내 영혼은 강들처럼 깊어졌지.

---

* Langston Hughes (1902-1967): "The Negro Speaks of Rivers." 시인은 유구한 흑인들의 역사를 문명사적으로 명상한다.

마멋

리처드 에버하트*

유월의 황금빛 들판에서
죽어 있는 마멋을 보았다.
죽어 누운 그 모습에 내 온 감각이 흔들렸고
마음은 우리의 연약한 나신을 압도했다.†
힘이 넘치는 여름, 그곳에서 초라하게
그의 형체는 무감각한 변화를 시작했고
그의 내면의 사나운 자연에
나의 감각들은 희미하게 동요했다.
그에게 달라붙은 구더기들의 힘과
그의 존재의 끓는 솥을 면밀히 살피면서
혐오 반, 이상한 애정 반으로
나는 성난 듯이 막대기로 그를 찔러 보았다.
열이 솟으며 불꽃이 되더니
'힘' 이 하늘을, 태양의
엄청난 에너지를 둘러쌌으며‡
어두운 전율이 내 몸을 스쳐갔다.
내 막대기는 그에게 도움도 해코지도 되지 않았다.§

---

* Richard Eberhart (1904-2005): "The Groundhog." 제목의 '마멋' 은 미국 북동부 지역에 흔하게 서식하는 야생 설치류이다.

† 마멋의 죽은 모습에 마음이 충격이 너무 커서 몸을 가눌 수 없을 정도였음을 암시한다.

‡ 죽음은 그에 따르는 부패작용을 하며 그 또한 자연의 힘이다.

§ 죽음 후에 행해지는 인간의 행위가 죽어서 "물건"이 되어버린 마멋에게는 아무런 영향도 주지 못한다.

하여 좀 전처럼 그 물건을 지켜보면서
나는 말없이 낮 시간을 서 있었다.
자제하려 하면서, 침착 하려 하면서
피의 격정을 억누르려 하면서
깨달은 바에 존경심을 간직했다.
마침내 나는 무릎을 꿇고
부패의 광경에 기뻐하며 기도했다.
그리고는 떠났다가, 가을에
엄정한 눈을 가지고 돌아와 보니**
마멋의 체액은 간 데 없고
앙상한 몸통만 젖은 채 남아 있었다.
그러나 그 해는 의미를 잃었으니
나는 지적인 사슬에 묶인 채
지혜의 벽 속에 갇혀 있었으므로
사랑도 혐오도 모두 잃어 버렸다.
또 다시 여름이 들판에 찾아 왔는데*
들은 육중하고, 뜨겁고, 생명으로 가득했다.
그러나 우연히 내가 그 장소에 갔을 때
약간의 털만 남아 있었고
뼈들은 건축물인 양 아름답게
햇볕 속에서 표백되고 있었다.
나는 기하학자처럼 그것을 쳐다보았고
자작나무를 잘라 단장을 만들었다.
이제 삼 년이 흘렀다.†
마멋은 아예 흔적도 없었다.
소용돌이치는 여름 나는 그곳에 서서
주눅 든 가슴에 손을 얹고 생각했다
중국과 그리스를,

야영지 천막 속의 알렉산더를,
탑에 갇힌 몽테뉴를,
사무치게 슬퍼하는 성녀 테레사를.‡

** 시인은 가을에 두 번째로 그 죽은 마멋을 찾아왔다. 처음 마멋의 죽음을 목격했을 때 느꼈던 거부감과 두려움은 사라지고 이제는 죽음은 피할 수 없는 것이라는 성숙된 의식을 보여준다.

* 시인은 다시 여름이 되자 세 번째로 죽은 마멋의 흔적을 찾았는데 그는 마멋에 대해 아무런 애착도 느끼지 않는다.

† 시인은 마침내 네 번째 마멋이 있던 곳을 찾아왔다. 마멋은 흔적도 없이 사라졌다. 마멋이 죽어 흔적도 없이 사라지는 과정을 지켜보면서 그는 인간의 죽음의 문제를 생각한다.

‡ 한때 역사의 현장에서 문명을 일으켰던 나라들과 세상에 영향을 주던 위인들이 지금도 그 힘을 발휘하며 변함없이 명성을 유지하고 있는지 시인은 의문을 던지고 있다. 마멋이 죽어 흔적도 없이 사라진 것처럼 세상의 모든 것은 같은 운명을 겪는 것이며, 그것이 자연의 법칙이다.

"잡초여 영원하라"

홉킨스

시어도어 레트케*

나의 협소한 채소밭을 뒤덮는
잡초여 영원하라!
사람의 아들에게 힘든 수고를 강요하는
쓰라린 바위, 불모의 토양.†
저주로 망가진 모든 불경스러운 것들,
우주의 못난이들.
영혼이 더럽혀지지 않도록 지켜주는
억센 것들, 사악한 것들, 야생의 것들.‡
나는 이들과 나의 작은 생각을 맞추며
서거나 앉거나, 희망하거나, 사랑하거나, 창조하거나,
마시고 죽을 수 있는 권리를 얻는다.
이들이 나의 존재를 형성한다.

---

* Theodore Roethke (1908-1963): "Long Live the Weeds." 시의 제목은 홉킨스 (G. M. Hopkins)의 시 「인버스네이드」("Inversnaid")에서 인용된 것임.

† 성서의 에제키엘과 예수 그리스도의 시련을 암시하는 이 구절은 거친 자연과 더불어 진리를 추구하며 사는 일이 얼마나 고된 것인지를 말해준다.

‡ 상식적으로 볼 때 불경스럽고 추하게 보이는 혼돈의 야생은 아이러니하게도 인간의 마음을 정화시키는 역할을 한다. 이처럼 세상의 거칠고 고통스럽고 혼돈스러운 시련은 인간을 정화시키는 촉매의 역할을 한다.

뿌리 창고

시어도어 레트키*

도랑처럼 눅눅한 그 창고에선 어느 것도 잠들려 하지 않았다.
알뿌리들은 어둠속에서 틈새를 찾아 상자를 탈출했고,
어린 새싹들은 매달리고 늘어져
곰팡이 핀 나무틀에서 야하게 혀를 내밀고
열대의 뱀처럼, 길고 노란 사악한 모가지들을 축 늘어뜨렸다.
그리고 이 무슨 악취들의 의회인가!—
오래된 미끼처럼 짓무른 뿌리들,
냄새 지독한, 저장 숙성된, 과육 같은 잎자루들,
미끄덩한 판때기들에 기대어 쌓아 둔 부엽토, 거름, 석회 더미.
어느 것도 생명을 포기하려 하지 않았다—
흙먼지조차도 작은 호흡을 계속했다.

---

* Theodore Roethke (1908-1963): "Root Cellar." 제목 root cellar는 뿌리를 보관하기 위해 지어진 지하 저장소. 시인은 봄철 파종을 위해 지하 저장고에 보관된 식물의 뿌리들이 겨울 동안 잠자지 않고 그 생명 현상을 계속하고 있음을 관찰하면서 생명체의 본질을 통찰하고 있다.

초록 도화선을 통해 꽃을 몰고 가는 힘

딜런 토머스*

초록 도화선을 통해 꽃을 몰고 가는 힘이
나의 푸른 나이를 몰고 가며, 나무뿌리를 시들게 하는 힘이
나를 파괴한다.
하여 나는 허리 굽은 장미에게 말 못 하겠네
내 청춘도 똑 같이 겨울 열병으로 굽어진다고.

바위를 뚫고 물을 몰고 가는 힘이
나의 붉은 피를 몰고 가며, 졸졸 흐르는 시냇물을 말리는 힘이
내 피를 밀랍처럼 굳게 한다.
하여 나는 내 핏줄에게 말 못 하겠네
어떻게 산천山泉에도 똑 같은 입이 빨고 있는지를.

웅덩이의 물을 휘젓는 손이
유사流砂를 움직이며, 부는 바람을 동여매는 손이
나의 수의壽衣 돛을 잡아당긴다.
하여 나는 목 매달리는 사람에게 말 못 하겠네
어떻게 사형 집행자의 석회가 내 진흙으로 만들어진 것인지를.

시간의 입술이 샘물 머리에 거머리처럼 붙어 있고,
사랑은 방울방울 떨어져 모이지만, 떨어진 피는
그녀의 아픈 상처를 진정시킬 것이다.
하여 나는 날씨의 바람에게 말 못 하겠네

어떻게 시간이 별들을 따라 하늘을 돌았는지를.

하여 나는 애인의 무덤에게 말 못 하겠네
어떻게 내 이불에도 똑같이 굽은 구더기가 사는지를.†

---

* Dylan Thomas (1914-1953): "The force that through the green fuse drives the flower"

† 태어나고 죽는 것이 자연이나 인간 모두가 겪는 똑 같은 과정임을 시인은 노래한다. 각 연마다 시간의 흐름이 그 피할 수 없는 종착지인 죽음에 이르고 있음을 묘사하고 있다.

내가 떼는 이 빵은

딜런 토머스*

내가 떼는 이 빵은 한때는 귀리,
이국 나무의 이 포도주는
그 열매 속에서 뛰놀았지.
낮에는 사람이 밤에는 바람이
곡식을 넘어뜨렸고, 포도의 기쁨을 망쳐놓았네.

한때는 이 포도주 속의 여름 피
넝쿨을 치장한 살 속에서 펄떡였고,
한때 이 빵 속에서
귀리는 바람을 맞으며 즐거웠는데,
사람이 해를 깨뜨렸고, 바람을 끌어내렸네.

네가 떼는 이 살, 네가 혈관 속에서
황폐를 가져오게 하는 이 피는
요염한 뿌리와 수액에서 태어난
귀리와 포도였는데,
너는 내 포도주를 마시고, 내 빵을 떼는구나.†

* Dylan Thomas (1914-1953): "This Bread I Break"
† 그리스도교의 성찬례에서 그리스도의 살을 의미하는 빵과 그리스도의 피를 의미하는 포도주를 암시하고 있다(요한복음 6장의 내용 참조). 이 작품에서 시인은 귀리와 포도라는 자연의 물리적 생명들이 종교적 의미로 관념화된 것을 비판하는 입장에 서 있다.

동물들의 하늘나라

제임스 딕키*

그들이 도착했다. 그 부드러운 눈들이 열린다.
만약 그들이 숲에서 살아왔다면
그곳은 숲이다.
만약 그들이 들판에서 살아왔다면
그곳은 그들의 발아래
영원히 굽이치는 풀밭이다.†

영혼이 없으므로 어쨌든
그들도 모르는 채 온 것이었다.
그들의 본능이 빠짐없이 꽃피며
그리고 그들이 일어난다.
그 부드러운 눈을 뜬다.

그들에게 어울리도록 풍경도 꽃을 피운다
필사적으로 능가하며
필요를 능가하며.

---

* James Dickey (1923–1997): "The Heaven of Animals"

† 시인은 야생동물들이 죽었다가 다시 살아나 그들의 천국에 입장하는 장면을 상상하며 시를 시작하고 있다. 재미있는 상상이다. 동물도 죽어서 천국에 간다면 그곳은 과연 어떤 곳일까? 우리가 종종 텔레비전을 통해 보는 동물의 왕국은 비정한 약육강식의 세계처럼 보인다. 동물의 천국은 이런 무시무시한 약육강식의 질서가 정지된 곳일까, 아니면 약육강식의 질서가 더 완벽해진 채 그 질서가 영원히 되풀이되는 세계일까?

그리하여 숲은 더없이 풍요롭고
들판은 더없이 풍성하다.

이들 가운데 어떤 동물들에게는
그곳이 유혈이 없는
장소일 수는 없을 것이다.[†]
늘 그래왔던 것처럼, 이들은 사냥을 하지만
발톱과 이빨은 완벽해졌고

믿을 수 없을 만큼 더 치명적이다.
그들은 더 조용하게 접근하고,
나뭇가지 위에서 도사리고 있으니,
먹잇감의 환한 등 위로
그들이 내려덮치는 일은

제왕 같은 기쁨을 향유하는 가운데
여러 해가 걸릴 수도 있으리라.
그리고 사냥 당하는 동물들은
이것을 자신의 삶으로,
자신의 보상으로 안다. 그래서

그들은 그런 나무들 아래로 걸어간다
그들 위의 영광 속에 무엇이 있는지 완전히 알면서.
그리고 아무런 두려움 없이
오로지 받아들이고 순응한다.
순환의 중심에서

---

† 천국에 오기 전에 초식동물들을 잡아먹으며 살았던 육식동물들의 경우를 말한다.

고통 없이 자신을 성취하면서,
그들은 몸을 떨고
그들은 나무 밑으로 걸어가고
그들은 쓰러지고, 찢겨지고
그들은 살아나서, 다시 걷는다.

우리 주위의 생명

드니스 레버토브*

밤새도록
포플러와 참나무는 깨어 있다. 그리고
연중 하루하루 온갖 날씨를 다 겪는다.
무어라 설명할 수 없는
어떤 의식意識이 있다.
팔월도 거의 끝난 어제의 석양은
서서히 변하면서 새벽까지
이어졌다. 사람의 소리는
커튼 뒤로 차단되었다.
사람은 아무도 보지 못했다
푸르게 미끄러지며 아침으로 가는 이 정원의 밤을.
뇌세포 없는
눈 없는 나무들만이
그것을 체험했다, 그것을 온전히 알았다.

---

* Denise Levertov (1923-1997): "The Life Around Us"

남동생 담쟁이

드니스 레버토브*

차도와 인도 사이, 넓은 잎의 담쟁이가
외롭게, 먼지투성이에, 너절하게, 쥐들의 안식처가 되어
생명을 이어간다. 이미 윤기를 상실하고도
고집스럽게 붙어 있는 옛 잎들 사이로
새 잎들이 화사하게 반짝인다.
그것은 감동을 요구하지 않는다. 잎들은
맹그로브 늪처럼 무성하게
뒤얽힌 갈색 줄기들을 숨기고 있다. 뿌리들은
끈질기게 퍼져있다. 긴 가뭄 속에
물 한 모금 못 먹어도, 그것은 다만
꾀죄죄한 모가지로 마른 땅을 움켜잡고 있다.

나는 담쟁이의 관리자는 아니다.
만약 우리가 동기간이고, 그래서 내가
남동생의 보호자라면
그 관계는 상호적이다. 담쟁이는
순수하고 의심 없는 실존으로
그 의무를 다한다.†

---

* Denise Levertov (1923-1997): "Brother Ivy"

† 주변의 버려진 것처럼 경시되는 식물에 대해 친형제 같은 친밀감을 보여주는 시인의 마음에서 우리는 모든 생명체에 대한 그녀의 따뜻한 사랑을 읽을 수 있겠다.

비극적 오류

드니스 레버토브*

「지구는 주님의 것」이라고 우리는 떠벌였지
「그리고 지구의 풍요로움도—」라고 하면서
우리는 약탈하고 노략질하고 배상금을 요구했지
「지구의 풍요로움은
우리에게 쓰라고 주신 것이네—」라고 하면서.
고집인지 무식인지, 무수한 세월을
우리는 제 힘만 믿고 우쭐거렸지.

잘못 쓰인 것이다, 잘못 읽혔던 것이다, 그 명령은.
「정복하라」는 말은 틀린 이야기, 위치가 잘못된 것.
분명 우리는
지구의 마음이요 거울이요 반영의 원천이어야 했다.
분명 우리의 임무는
지구를 사랑하는 것,
에덴동산처럼 "지구를 가꾸고 지키는 일"이어야 했다.†

"그것"이 우리의 "영토"였을 것이다.
인지하고 상상할 수 있으며, 이 행성을 미지의 피난처로

---

* Denise Levertov (1923-1997): "Tragic Error"
† 시인은 구약성서의 「창세기」에서 말하는 세상의 관리자로서의 인간의 위상에 대한 오해가 오늘날 자연의 파괴와 세상의 황폐화를 낳게 되었음을 지적하며 이제는 인간이 지구의 "정복자"가 아니라 "지킴이"로서 그 위상을 재인식할 것을 촉구하고 있다.

인도해 갈 수 있는
지구의 체세포가 되었어야 했다
(손의 모양과 그것이 할 수 있는 일을 인지하고
눈이 손을 축복하듯이).[‡]

‡ 우리의 손을 자세히 보고 그것이 무엇을 위해 만들어진 것인지 생각해 보라. 그것은 분명 무언가 만들어내기에 매우 적합하도록 정교하고 오묘하게 만들어졌지만 무엇을 파괴하기에는 너무나도 어울리지 않는 모습이 아닌가.

똥 시

맥신 쿠민*

하느님의 분부대로 그것은 우리 모두가 하는 일이다
가장 미미한 벌레에서 브론토사우루스 같은,
이를테면 엄청난 무게의 발자국을 가진
그 어떤 경이로운 것에 이르기까지.

우리는 먹는다, 우리는 배설한다, 살아있으니까.
나는 매일 아침 이런 생각들을 한다, 삽과 갈퀴로
부푼 갈색 빵들을, 이를 테면 말의 오븐에서 방금
구워진 것들을 내 앞으로 끌어내면서†

또는 마구간에서 깔끔하게 들어내기 쉽게
퍼티처럼 주무르는 대로 편리한 모양이 되도록‡
톱밥을 깐 바닥에 걸쭉한 상태로 배출된
알팔파 녹색 똥들을 주워 담으면서.

똥을 향해 손수레를 몰고, 난폭하게 경사를 오르면서
나는 퇴비 더미가 취하고 있는 휴식의 각도를,
참새들이 와서 다시 배설된 알곡을 쪼는 모습을,
그리고 똥에서 자라는 먹물버섯이

우후죽순처럼 돋아나는 모습을 생각한다.
나는 우리에게서 분리되는, 그리고 다음 것들에게

자리를 내주기 위해 치워져야 하는 것을 생각한다.
아무리 많이 우리가 세상을 오염시키고, 세상에
우리의 배설물을 튀기고, 악취를 내뿜고, 줄줄 새는
똥물로 깔끔한 바다를 더럽힌다 해도,
오늘의 마지막 분량 한 수레 가득 실어내면서
나는 「우리는 계속된다」고 말하는 똥을 우러러본다.

* Maxine Kumin (1925-): "The Excrement Poem"
† 시인은 배설물을 만드는 말의 내장을 빵을 구워내는 오븐에 비유하고 있다.
‡ "퍼티"(putty)는 유리창을 창틀에 고정시키기 위해 사용되는 일종의 메움 재료를 말하는데, 여기서는 말의 배설물의 깔끔한 상태를 비유하고 있다.

영역

맥신 쿠민*

나뭇잎으로 잘못 알고 강력 예초기로 두꺼비를
두 동강 냈는데, 그는 자신의 동력이 다할 때까지
한쪽으로 뒤뚱거리며 풀쩍풀쩍 달아난다.

그가 아는 우주는 나지막한 나무들의 숲,
대리석 선반 옆의 고사리도 세코이어 나무들 못지않게
거대하고, 그 돌은 무시무시한 안데스 산이다.

다음 길까지는 내가 학살을 한 흔적은 없다.
이제 나는 자신의 둘레를 깔끔하게 깎아 놓고
이만큼 풀을 길들였다고 선언한다.†

나는 소변으로 자신의 영역을 표시하는
늑대가 생각난다. 늑대가 있는 곳에는
그를 뒤쫓는 과학자가 있는데, 똑같은 간격으로

똑같은 소나무들에 노랑 칠을 하면
오줌을 누다가 지친 늑대는 마침내 좌절하여
자신의 다섯 에이커를 양도한다.

---

* Maxine Kumin (1925-): "Territory"
† 정원의 풀을 깎으면서 인간은 자신의 영역을 표시한다. 그러나 그곳은 이미 두꺼비 같은 다른 생물들이 자신들의 삶의 영역으로 사는 곳이다. 자연의 세계에서 너와 나의 영역이 어디 있는가. 그것은 다만 살아 있는 모든 생물들의 영역인 것이다. 그러나 우리 인간은 "기계와 자"를 가지고 영역을 만들며 다른 종들을 통제하려 하고 있다.

우리는 그것의 주인이 아니라 그 안에 있는 것이다.
싫든 좋든 우리는 우리의 기계와 자를 가지고
그 안에 있는 것이다, 다 잘 해 보자는 뜻으로.

사람은 좀처럼 두꺼비의 피를 보지 못한다.[‡]

‡ 사람은 자신들의 영역을 관리하는 과정에서 다른 생물들이 입게 되는 피해와 희생에 너무도 무감각하다.

사건

A. R. 애몬스*

떨어진 잎은
떨어졌다
전 우주에 걸쳐
그리고
그 떨어진 순간부터,
가버린 모든 시간과
그리고 다가올
모든 시간 동안.

세상들은
거미줄 속에서 흔들리고,
잎의 호수들 속에서 발을 구르며,
도랑물 방울 속에서
꿈틀거린다†

크기와 공간은
시작되고, 끝나며,
시간은 사건의 순간에
허락된다.

---

* A. R. Ammons (1926–2001): "Event"

† 시인은 미시적 관점에서 우주를 생각하고 있다. 즉 우리가 주변에서 쉽게 관찰할 수 있는 자연현상들이 우주적 차원에서 일어나고 있는 현상들의 하나임을 상기시키고 있다.

멀리든
가까이든
우주와 잎은
떨어지려 한다—일어난다.[‡]

‡ 떨어지는 나뭇잎 하나도 그 나뭇잎에게는 우주에서 단 한 번 일어나는 대사건이다. 사람이 보기에 하찮은 이 사건도 어찌 보면 우주적 차원의 현상이며 그 사건 하나로 우주의 모양은 달라진 것이다. 모든 개체들은 그 하나하나가 우주의 중심들인 것이다.

날아 봐

W. S. 머윈*

나는 뚱뚱한 비둘기에게 잔인하게 굴었다
그가 날려고 하지 않았기 때문이다
그가 원하는 건 다정한 노인처럼 사는 것이었다

그는 스스로를 아주 더럽고 속없는 난파물이 되게 했다
먹이를 위해선 쓰레기통에서 고양이를 사납게 쫓아버린다
끝도 없이 부리를 비벼대는 그의 짝을 무시한다
냄새를 풍기고 뒤뚱거린다
밤에는 만족스럽게 사다리 위로 들어 올려줘야 한다

"날아 봐" 하고 허공에 그를 던지며 나는 말했다
그러나 그는 땅에 떨어져 먹이를 기대하며 다시 뛰어오곤 했다
나는 그를 던져 올리면서 반복해서 그 말을 했다
그는 상태가 점점 더 나빠지자
매번 나에게 저를 들어 올리게 했다
마침내 나는 그가 비둘기장에 죽어 있는 것을 발견했다
쓸데없이 애쓰다가 죽은 것이었다†

그것이 바로 내 모습이다

---

* W. S. Merwin (1927-): "Fly"

† 늙고 병들어 더 이상 날 수 없는 비둘기에게 자신의 생각만을 강요하며 학대하는 화자의 이기심이 결국 비둘기를 죽음으로 몰아갔다. 그가 죽은 후에야 그는 다름 아닌 자신이 동물학대자였음을 깨닫는다.

그가 피해 달아났어야 할 생명체가 바로 나였던 것을
인식하지 못했던 그의 눈을 생각한다

언제나 말을 지나치게 신뢰했던 나.[‡]

‡ 시의 화자는 자신이 행동보다 말에 더 신뢰를 두었던, 상대를 이해해 주지 못하는 사람이었음을 깨닫는다.

최전선

게리 스나이더*

암의 가장자리가
언덕을 향해 커진다—우리는 느낀다
역겨운 미풍을—
그리고 그 가장자리가 다시 가라앉는다.†
사슴들은 여기서 겨울을 난다
협곡에선 동력 사슬 톱이 으르렁대는데.

열흘 동안 비 내리고 벌목 트럭들이 멈추니
나무들이 숨을 쉰다.
일요일 부동산 회사의
4륜구동 지프는
땅투기꾼, 구경꾼들을 데려온다. 땅에 대고
그들이 말한다,
가랑이를 벌려.

위로는 제트기들이 굉음을 낸다, 여기는 이상 없다고.
아메리카의 병든 기름진 혈관 속에서
심장의 썩은 피는 고동 칠 때마다
그 가장자리를 더 바짝 밀어 올린다—

---

* Gary Snyder (1930-): "Front Lines"
† 자연을 잠식해 들어가는 인간의 경제적 탐욕을 "암"(cancer)에 비유하고 있다.

불도저는
도시에서 온
어떤 사람의 돈을 받고
아직도 살아 있는 관목들의 껍질이 벗겨진 몸뚱이를 타고
갈아 뭉개며 군침을 흘린다
측면으로 미끄러지며 트림을 해댄다.

뒤로는 북극으로 통하는 숲이 있고
여전히 파이우트 인디언이 사는 사막이 있으니†
우리는 여기서 그어야 한다
우리의 경계선을.

† "파이우트 인디언"(the Piute): 미국 남서부에 사는 인디언으로 멕시코의 아즈텍 원주민의 일족.

어머니 대지—그 고래들

게리 스나이더*

올빼미는 그늘에서 눈을 껌벅이고
도마뱀은 숨을 할딱이며 까치발로 몸을 세우고
어린 수컷 참새는 경계하느라 목을,
  머리를 위로 뺀다—

풀밭은 햇빛 속에서 일하고 있다. 푸르게 바꿔라.
향긋하게 만들어라. 우리가 먹을 수 있게.
우리의 고기를 길러라.

브라질은 말한다, 이름 모를 3만 종의 식물들
「천연자원을 최대한 이용하자」라며.
살고 있는 실제의 정글 사람들은
  팔려가고 고문당했다—
그러니 "브라질"이라는 과대망상을 팔아먹는 양복 입은 로봇이
 '그들' 을 대변할 수 있을까?

고래들이 회전하며 번쩍인다, 자맥질하고
  소리 지르며 다시 떠오른다.
오묘하게 어두워지는 대양 위에서 놀고 있다
  살아 있는 빛의
빤짝거리는 소용돌이 물결 속에서
  숨 쉬는 식물처럼 흘러간다—

---

* Gary Snyder (1930-): "Mother Earth: Her Whales"

그런데 일본은 너스레를 떤다,

　어떤 종류의 고래들을 죽이면 될까? 하고.
한때 불교가 융성했던 나라가
　바다에
　임질 같은
　메틸수은을 흘리고 있다.

페르 다비드의 사슴, 엘라푸르스는†
2천 년 전에 골풀 우거진 황하강 습지에서
살았는데—그 집은 얼음에 빼앗겼고—
낙양洛陽의 숲들이 벌목되고, 모든 토사와
모래가 흘러내리더니, 서기 1200년에는 사라졌다—

시베리아에서 부화한 기러기들은
그들이 백만 년 동안 사용해 온 항로를 따라
　우리가 "중국"이라고 부르는
　양자강, 황하강의 분지를 지나서
　남쪽으로 향한다.
아 중국, 그곳의 호랑이들, 멧돼지들,
　원숭이들은
　어제의 눈인 양
안개처럼, 순식간에 사라졌고, 마르고 굳은 땅은
5만 대의 트럭을 세우는 주차장이 되었다.

---

† "페르 다비드의 사슴, 엘라푸르스"(P re David' s Deer, the Elaphure): 중간 크기의 불그스름한 재색 사슴으로 1865년 북경에서 프랑스 선교사 다비드(P re Armand David, 1826-1900) 신부에 의해 발견되었으며, 1900년 남아 있는 중국의 사슴들이 살해되기 전에 유럽의 동물원으로 옮겨져 그 종이 유지되고 있다. 정식 학명은 *Elaphurus davidianus*이다.

인간이 만물 중에 가장 소중하단 말인가?
—그렇다면 사람을, 그의 형제들을, 저 모든
사라지는 생명들을 사랑해야지—

북아메리카 거북 섬은 전 세계에서 전쟁을 벌이는
  침입자들에게 점령되었다.*
개미들이여, 전복이여, 수달이여, 늑대여, 엘크여
봉기하라! 그리고 로봇 국가들로부터
  그들이 주는 것을 치워버려라.

'단결하라.' 백성들이여.
서 있는 나무 백성들이여!
나르는 조류 백성들이여!
헤엄치는 바다의 백성들이여!
다리가 넷인, 다리가 둘인 백성들이여!

어떻게 머리가 무거운 권력에 굶주린 정치적 과학자가
정부가   두 세계가   자본주의적 제국주의자가
제3세계가   공산주의자가   서류나 만지는 남성이
  농부도 아닌   제트기 족이† 관료들이
잎의 녹색을 대변할 수 있는가? 토양을 대변할 수 있는가?

(아 마거릿 미드……당신은 때때로 사모아 꿈을 꾸시는가?)*

---

* "거북섬"(Turtle Island): 캐나다의 마니토바와 온타리오 경계에 가까이 위치한 작은 섬.
† "제트기 족"(jet-set): 사업 혹은 휴양지를 찾아 비행기 여행을 자주 하는 매우 부유한 계층의 사람들을 일컫는 말.

그 로봇들은 조금 더 오래 살아 보려고
우리의 어머니 지구를 나눠 가지려고 언쟁한다
  죽어가는 암사슴을 곁에 놓고
날개를 퍼덕이고 트림을 하면서
  꽥꽥거리는 대머리독수리들처럼.

  "저 들판에 살해된 기사가 누워있지?
그리로 날아가서 그 눈을 뽑아먹자
        룰루 랄라
  데리 데리 데리 룰루 랄라."†

  올빼미가 그늘 속에서 눈을 껌뻑인다
  도마뱀은 숨을 할딱거리며
    까치발로 몸을 세운다
    고래들이 회전하며 번쩍거리고
      자맥질하며
    소리 지르고 다시 솟는다
    숨 쉬는 식물처럼 흘러간다

    살아있는 빛의

    반짝거리는 소용돌이 물결 속에서.

---

* "마거릿 미드"(Margaret Mead, 1901-1978): 미국의 문화인류학자로 문명이 침투하지 않은 원시적 삶을 탐구했으며 《사모아의 성년(成年)》(1928)이란 저서가 있다.

† 시인은 영국의 유명한 중세 밸러드인 「두 마리 까마귀」("The Twa Corbies")와 「세 마리 까마귀」("The Three Ravens")에서 부분적으로 내용과 형식을 인용하고 있다. 특히 전자의 시는 사랑에 배신당한 한 기사의 처참한 죽음을 노래한다.

돼지 관찰

테드 휴즈*

돼지가 죽은 채 손수레에 누워 있었다.
사람들은 그것이 세 사람 무게가 나간다고 했다.
연분홍 빛 하얀 속눈썹의 두 눈은 감겨 있었다.
발을 쭉 뻗고.

죽어 있는 그 무게와 살진 연분홍 빛 덩치는
단지 죽은 것처럼 보이지는 않았다.
그것은 생명이 없는 것보다 못했다, 훨씬 더.
그것은 밀 부대자루 같았다.

나는 아무 가책도 없이 그것을 탁 때렸다.
무덤 위를 걸으며 죽은 사람들을 모욕할 때
사람은 죄의식을 느낀다. 그러나 이 돼지는
나를 꾸짖을 수도 없어 보였다.

그것은 너무나 죽어 있었다. 그냥 무거운
한 덩어리 비계와 고기일 뿐이었다.
그 마지막 위엄도 완전히 사라지고 없었다.
그것은 재미있는 모습도 아니었다.

이제는 너무나 죽어 있어 불쌍하지도 않았다.
옛날 그대로 그것의 삶, 소음, 세상 쾌락의

---

* Ted Hughes (1930–2003): "View of a Pig"

활동무대를 기억해 보는 것은 허황된 노력,
초점이 빗나간 일 같아 보였다.

너무도 사실적이었다. 그것의 무게는
나를 압도했다—어떻게 그것을 옮길 수 있을까?
또 그것을 토막 내는 수고를 해야 한다니!
목에 난 칼자국은 충격이었지만 불쌍하지는 않았다.

언젠가 나는 고양이보다 빠르고 날렵한
기름 바른 새끼 돼지를 잡으려고
소란한 시장을 뛴 적이 있는데
녀석의 꽥꽥거리는 소리는 금속을 찢는 듯했다.

돼지들은 분명 뜨거운 피를 가졌다, 그들은 가마솥 같다.
그들은 말보다 더 고약하게 물어뜯는다—
그들은 반달 모양으로 싹둑 토막을 낸다.
그들은 재도 먹고 죽은 고양이도 먹는다.

이 같은 특징들과 감탄거리들은 끝장난 지 이미 오래,
나는 오랫동안 그를 바라보았다.
사람들이 그를 끓는 물에 데칠 것이었다.
그를 데치고 현관 계단처럼 박박 문지를 것이었다.*

* 돼지는 도살장에서 죽어갈 때 가장 격렬하게 저항하는 동물이라고 한다. 그도 자신이 죽음이라는 절체절명의 위기를 직감하는 생명체 가운데 하나이다. 시인은 살아서 돼지가 보여주던 활기 찬 한 생명체의 모습을 회고하며 이제는 "너무나 죽어 있는," 즉 상품으로 바뀌어버린 죽은 생명을 돌아본다. 최근 통계에 따르면 영국에서만 1천만 마리 이상의 돼지가 한 해에 도살된다고 한다.

엉겅퀴

테드 휴즈*

고무 같은 소 혓바닥과 호미질 하는 손에 부딪히면
엉겅퀴는 여름 하늘을 찌르거나
검푸른 압력을 받아 탁탁 터지며 열린다.

꽃송이마다 복수심으로 가득 차서 터지는
부활이다, 움켜쥔 한 주먹의
조각난 무기들이며, 죽어서 썩은 어느 바이킹의

혈흔을 밀어 올린 아이슬란드의 서릿발이다.
그것들은 창백한 머리칼과 사투리의 후두음後頭音을 닮았다.
꽃송이마다 핏빛 깃털을 세우고 있다.

그러고 나선 그들도 사람처럼 머리가 센다.
베어 쓰러뜨리면 철천지원수가 된다. 그 아들들이 나타나서
무기를 빳빳이 세우고 옛 땅을 찾으려고 반격한다.

---

* Ted Hughes (1930-2003): "Thistles"

새 강아지

린다 패스턴*

새 강아지가 들어왔다
내 삶의 중력 속으로,
세련과 종이와 펜의
진지한 의식儀式 속으로.

이 정신없이 나부대는 동물은
그 순진한 소동들로
나의 해묵은 소박한 일상들을
실없는 짓으로 만들어 놓는다—

정성껏 계획을 세웠어도
언제든 바뀔 수 있음을
다시 한 번 증명하려고
마치 내가 그를 필요했던 것처럼.

---

* Linda Pastan (1932-): "The New Dog"

배

린다 패스턴*

누구는 말한다
하와가 먹은 게
배였다고.
왜 아니랴 그 모습이
자궁의 형상인 것을,
아니 그 유일한 노래가
자신을 낳아준 나무를 슬퍼하는
첼로의 형상인 것을.
왜 아니랴 당신의 사랑도
아침을 먹으며
배 같은 당신의
젖가슴을 마다하고
손을 뻗어 집는 것이
달콤한 황갈색
그 과일인 것을.

---

* Linda Pastan (1932-): "Pears"

검은 뱀

메리 올리버*

검은 뱀이
아침 도로에 갑자기 달려 나왔고
트럭은 그를 피할 수 없었다—
죽음은 그렇게 다가왔다.

지금 그는 낡은 자전거 타이어처럼
둥그렇게 쓸모없이 널브러져 있다.
나는 차를 세우고
그를 숲 덤불 속으로 옮겨준다.

그는 꼬아 만든 채찍처럼
차갑게 번들거린다. 그는 죽은 오빠처럼
아름답고 고요하다.
나는 그를 나뭇잎으로 덮어주고

계속 차를 몰면서 죽음에 대해
생각한다—그 갑작스러움,
그 가공할 무게감,
그 확실한 도래. 그러나 내심으론

뼈들이 언제나 선호하는
더 환한 불이 타고 있다.†

그것은 끝없는 행운을 이야기한다.
잊으라고 한다—난 예외니까! 하고.‡

그것은 모든 세포의 중심에 있는 빛.
그것이 뱀에게 봄철 내내 행복하게 똬리도 틀고
흐르듯 질주하며 푸르른 잎들 사이로 누비게 하더니,
마침내 그는 도로로 나왔던 것이다.§

---

* Mary Oliver (1935-): "The Black Snake"
† "뼈들"은 결국 죽고 나면 부패하여 뼈만 남게 될 살아 있는 인간들을 제유(提喩)하고 있다.
‡ 갑작스런 죽음을 보고 우리는 늘 자신이 죽음의 당사자가 아닌 데 안도하며 언제가 분명히 닥쳐올 죽음에 대해서도 자신을 예외적 존재인 양 망각 속에 살아가고 있다.
§ 모든 생명은 그 생명을 지속하려는 강한 본능을 좇으며 살아간다. 그런 와중에 죽음은 마치 검은 뱀의 돌연한 죽음처럼 전혀 예기치 않았던 순간 갑작스럽게 닥쳐온다.

기러기들

메리 올리버*

착하게 살려고 할 필요 없어.
참회하면서, 수백 리 사막 길을
무릎으로 기어갈 필요도 없어.
그냥 네 몸의 부드러운 야성이
원하는 것을 하게 두면 되는 거야.
너의 절망을 내게 말해보렴. 네 절망을. 그러면 나의 절망을
　　말해 줄게.
그러는 동안에도 세상은 계속되지.
그러는 동안에도 태양과 맑은 빗방울들은
풍경을 가로질러 움직이고 있지
평야와 울창한 나무숲 위로
산과 강 위로.
그러는 동안에도 기러기들은 맑고 푸른 하늘 높이 날아서
다시 고향으로 가지.
네가 누구든, 아무리 외롭다 한들
세상은 자신을 너의 상상에 맡기고
기러기처럼 살라고 네게 외치는 거야, 거칠게 신명나게—
세상의 질서 속에
거듭 거듭 네 자리를 알려주면서.†

---

* Mary Oliver (1935-): "Wild Geese"
† 자신의 자리를 지키며 하늘을 날아 자유롭게 그들의 본향을 찾아가는 기러기의 모습에서 시인은 관습과 규범 등에 매여 자신의 본래 자리를 잃고 방황하는 인간의 모습을 발견하고 있다.

여름날

메리 올리버*

누가 세상을 만들었을까?
누가 백조를, 흑곰을 만들었을까?
누가 메뚜기를 만들었을까?
이 메뚜기를, 그러니까—
풀밭에서 날아와
내 손에서 설탕을 먹고 있는,
위아래가 아니고 앞뒤로 턱을 움직이는 이 메뚜기를—
그가 거대하고 복잡한 눈으로 사위를 응시한다.
그러다 창백한 앞발을 들어 깔끔하게 얼굴을 닦는다.
그러다 날개를 착 펴더니 두둥실 날아간다.
나는 기도가 무엇인지 정확히 모른다.
내가 확실히 아는 것은 관심을 쏟는 법, 풀밭에
쓰러지는 법, 풀밭에서 무릎 꿇는 법,
한가하게 기쁘게 사는 법, 들판을 거니는 법이다.
이것이 온종일 내가 하는 일이다.
말해 보라, 달리 내가 무엇을 했어야 하는가?
모든 것은 마침내, 그것도 너무 일찍 죽지 않던가?
말해 보라, 단 한 번뿐인 당신의 소중한 인생을
어떻게 계획하고 있는가?

* Mary Oliver (1935-): "The Summer Day"

자연과 사람과 시

편역자 : 김영남
발행처 : 충북대학교 출판부
발행인 : 김승택
주　소 : (361-763) 충북 청주시 흥덕구 성봉로 410
전　화 : (043) 261-2952, 3014
팩　스 : (043) 274-1256
이메일 : presscbu@chungbuk.ac.kr
등　록 : 제1983-2001-7호
초판1쇄: 2010.8.31.
인쇄처 : 윤일문화사 02)498-6161

* 이 번역서는 2009년도 충북대학교 학술연구지원사업에 의하여 발행되었음 (This work was supported by the research grant of Chungbuk National University in 2009).

ISBN 978-89-7295-170-4 93800

값 10,000원